JN090589

Grammaire

méthodique

du français

HAKUSUISHA

装丁
mg-okada

本文組版
ルナテック

ナレーション
Éric Avocat, Justine Le Floc'h

はしがき

　本書は半世紀以上にわたって親しまれてきた Manuel pratique de langue française『新初等フランス語教本《文法編》』，一般に「京大文法」と呼ばれてきた教科書の後継として編集しました．本書は以下の編集方針を掲げています．

1. 1年間の授業で一通りの文法を学ぶことができる.

　1年間で文法の全容を学ぶことが高いハードルだと考えられるようになった昨今ではありますが，2年目からさまざまな原文に挑戦したいという意欲を後押しするような，人文知のための教科書はやはり必要だと考えました．その一方で，難易度の高い文法現象や，初級文法では必ずしも必須とは言えない文法項目については「発展」とすることで，柔軟な使い方もできるようになっています．

2. 中級以後の学習においても参照することができるだけの十分な説明を行う.

　自習や独習に使える，あるいは中級以後にも参照することができるような詳しい説明と，文字が増えることに対する見た目の抵抗感は必ずしも両立しません．本書は自習・独習の方に比重を置きながらも，見た目を損なわないように，詳細な説明は囲みに入った注や「発展」での別途の説明，「文法コラム」などに配しました．また13課は，特に難しいと考えられるものの，中級以上では必要になる項目を扱っています．中級開始時に本書を併用するといった使い方も可能です．

3. よく耳にする文や状況を思い浮かべやすい文を採用する.

　そのまま覚えて使うことができるフレーズを例文や練習問題に取り入れることで，フランス語が単なる教科ではなく，生きた言語であることが実感できるように配慮しました．使用している単語も仏検5〜3級の範囲を広くカバーしています．それと同時に，Version や課冒頭の引用は文学からのものが多く，学習した文法項目が具体的な作品でどのように現れるのかを理解できるようになっています．付属の音声も自然なスピードであり，フランス語の日常の雰囲気を感じることも，文学作品の朗読におけるフランス語の魅力を味わうこともできるものになっています．

　本書が本格的にフランス語を学ぼうとする学習者の一助となることを願っています．

2022年秋　編者一同

目次

Leçon 0 ❧

表記

1. アルファベ　L'alphabet

フランス語はラテン文字をつかう.

A a [ɑ/a]	B b [be]	C c [se]	D d [de]	E e [ə]
F f [ɛf]	G g [ʒe]	H h [aʃ]	I i [i]	J j [ʒi]
K k [kɑ]	L l [ɛl]	M m [ɛm]	N n [ɛn]	O o [o]
P p [pe]	Q q [ky]	R r [ɛːʀ]	S s [ɛs]	T t [te]
U u [y]	V v [ve]	W w [dubləve]	X x [iks]	Y y [igʀɛk]
Z z [zɛd]				

2. 合字および補助記号　La ligature et les signes diacritiques

特殊な合字としてoとeを結合させたœが一部の語でつかわれる. sœur, œil など.

ラテン文字に加え, 発音のためにアクセント記号が付けられることがある.

・accent aigu アクサン・テギュ：é [e]. 通常の e [ə] とは発音が違うことを表す.

・accent grave アクサン・グラーブ：è [ɛ], à, ù. 通常の e [ə] とは発音が違うことを表す, あるいは, ou (または) と où (どこ), a (avoir の 3 人称単数形) と à (前置詞) のように, 同音異義語を区別するためにつかわれる.

・accent circonflexe アクサン・シルコンフレックス：â, ê, î, ô, û. 長母音であることを表す, あるいは, 同音異義語を区別するといった機能をもつ.

・tréma トレマ：ï, ü, ë. 母音字を別々に発音するためにつかわれる. mais [mɛ], maïs [mais].

・cédille セディーユ：ç. c を [k] ではなく [s] と発音するときにつかわれる. français [fʀɑ̃sɛ], caisse [kɛs]

3. 句読点　La ponctuation

.	point	ピリオドと同じく文末で用いる.
,	virgule	コンマと同じく節の切れ目などに用いる.
'	apostrophe	エリジヨンした所におく. je + ai → j'ai
;	point-virgule	セミコロン. 前文の続きであることが明らかなときに用いる.
:	deux-points	コロン. 引用文の前や, 具体例などを列挙するときに用いる.
-	trait d'union	複合語につかう. porte-bonheur (お守り) など.
?	point d'interrogation	疑問文でつかう.
!	point d'exclamation	感嘆文でつかう.
« »	guillemets	引用部分を記すためにつかう. 日本語の「」, 英語の " " に相当する.

音声

1. 母音　Les voyelles

DL 05

フランス語には12の母音と4つの鼻母音がある.

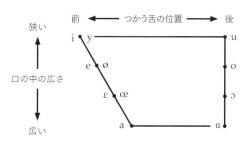

母音は舌の位置（前か後ろか），口の中の広さ（広いか狭いか），唇が丸まっているかどうか（円唇か非円唇か）で区別される.［i］［e］［ε］［a］［ɑ］は非円唇母音，その他は円唇母音である.これらに加えて，あいまい母音［ə］がある.

> ［i］と［y］，［e］と［ø］，［ε］と［œ］はそれぞれ口の内部の形は同じまま，唇を丸めるかどうかという点のみで異なっている.

［i］ : midi [midi], dix [dis]	［y］ : lune [lyn], pur [pyʀ]
［e］ : nez [ne], et [e]	［ø］ : eux [ø], bleu [blø]
［ε］ : mer [mɛʀ], mais [mɛ], Seine [sɛn]	［œ］: fleur [flœʀ], sœur [sœʀ]
［a］［ɑ］: table [tabl], pas [pɑ], tasse [tɑs]	
［u］ : rouge [ʀuʒ], doute [dut], tout [tu], cours [kuʀ]	
［o］ : mot [mo], tôt [to], seau [so], aube [ob]	
［ɔ］ : corps [kɔʀ], tort [tɔʀ], homme [ɔm]	
［ə］ : repère [ʀəpɛːʀ], premier [pʀəmje], venir [vəniːʀ]	

> ［e］と［ε］，［ø］と［œ］，［o］と［ɔ］は特に意識して区別しなくても良い.しかし，［i］と［y］，［e］［ε］と［ø］［œ］の区別，すなわち円唇と非円唇の区別は重要である.

鼻母音は口を開けたまま鼻に息を抜いて出す.

［ɛ̃］: vin [vɛ̃], pain [pɛ̃]	［œ̃］: un [œ̃], lundi [lœ̃di]
［ɔ̃］: on [ɔ̃], blond [blɔ̃]	［ɑ̃］: an [ɑ̃], chambre [ʃɑ̃ːbʀ], blanc [blɑ̃]

> 現在では［ɛ̃］と［œ̃］を厳密に区別する人は少なく，［ɛ̃］がつかわれることが多い.

2. 子音　Les consonnes

DL 06

フランス語には17の子音がある.子音は口の中の「どこで」「どうやって」空気の流れを阻害するのかで区別される.まず，［無声音］−［有声音］のペアを示す.

［p］: poule [pul]−［b］boule [bul]　上下の唇をつかう.日本語のパ行，バ行と同じ.

［t］: tête [tɛt]　−［d］dette [dɛt]　舌先と上の歯茎をつかう.日本語のタ行，ダ行と同じ.

［k］: bac [bak]　−［g］bague [bag]　舌の後部と上顎の後ろの方をつかう.日本語のカ行，ガ行に近い.

［f］: naïf [naif]　−［v］naïve [naiːv]　下の唇と上の歯をつかう.英語のfやvと同じであり，日本語のフやブとは異なる.

> 日本語には［b］と［v］の区別がないが，フランス語ではboire（飲む）とvoir（見る）のように意味の区別に関係する.

［s］: assure [asyʀ]　−［z］azur [azyːʀ]　舌先と上の歯茎をつかう.日本語のサ行やザ行に似ている.

［ʃ］: champ [ʃɑ̃]　−［ʒ］gens [ʒɑ̃]　舌先の中でも少し後ろの方と歯茎の上の方をつかう.日本語のシャやジャを発音するときの感覚に近いが，現代日本語のジャは［ʒa］ではなく［dʒa］と発音されることが多い.フランス語では［d］の音が入らないという違いがある.

その他の子音には［有声］－［無声］の区別はなく，すべて有声である．l音は日本語のラ行音に近い．r音は日本人にはハ行音に聞こえることもあるが，発音につかう場所はまったく異なる．

[m]	：maman [mamã], maison [mɛzõ]	上下の唇．日本語のマ行と同じ．
[n]	：nom [nõ], nombre [nõ:bʀ]	舌先と上の歯茎．日本語のナ行と同じ．
[ɲ]	：campagne [kɑ̃paɲ], montagne [mõtaɲ]	日本語のニャ・ニュ・ニョの音に近い．
[l]	：long [lõ], talent [talɑ̃]	舌先を歯茎の裏にあてるが，英語のlより日本語のラ行音と同じように発音した方がフランス語に近い．
[ʀ/ʁ]	：rond [ʀõ], raison [ʀɛzõ], Paris [paʀi]	舌の奥の方を高くして，喉ひこをふるわせるか，摩擦音を出す．

3. 半母音　Les semi-voyelles　　　DL 07

　口を動かしながら出す音で，必ず他の母音と一緒に現れる．

[ɥ]	：nuit [nɥi], suis [sɥi]	日本語で「ユイ」というイメージ．唇をすぼめた状態から横にひいた状態にする．
[w]	：noir [nwa:ʀ], toit [twa]	日本語のワ行音と同じ出し方．唇をすぼめた状態から開いた状態にする．
[j]	：ciel [sjɛl], miel [mjɛl]	日本語のヤ行音と同じ出し方．舌が上顎に接近した状態から開いた状態にする．

4. 音節とアクセント　Les syllabes et l'accentuation　　　DL 08

　日本語のリズムはモーラ（拍）であり「フランス」は4拍で数える．これとは異なり，フランス語のリズムをつくる最小単位は音節であり，France [fʀɑ̃s] は1音節である．音節は1つの母音または鼻母音と前後の子音からなる．

　アクセントは最終音節におかれ，少し長めに強く発音される．英語の強弱アクセントほどはっきりしていないが，フランス語らしいリズムを作る上でアクセントの位置は重要である．

fenêtre [fə-nɛtʀ]	théâtre [te-ɑ:tʀ]
lentement [lɑ̃t-mɑ̃]	maintenant [mɛ̃t-nɑ̃]
univers [y-ni-vɛ:ʀ]	constellation [kõs-te-la-sjõ]
littérature [li-te-ʀa-ty:ʀ]	

綴り字と読み方

　フランス語の綴り字と読み方には3つの大原則がある．
　1. 基本的にはローマ字読みに近い．
　2. 綴り字と発音は常に対応していて，単語ごとに読み方が変わることはない．
　3. 語末の子音字とeは読まない（例外となる子音字はある）．

1. 母音字　Les voyelles　　　DL 09

・単独でつかわれる母音字a, i/y, u, oは常に[a][i][y][ɔ]([o])で発音される．

table [tabl]	parent [paʀɑ̃]	page [pa:ʒ]	dîner [dine]	style [stil]
culture [kylty:ʀ]	juge [ʒy:ʒ]	pomme [pɔm]	homme [ɔm]	

- eは読まないか，強勢のない曖昧母音[ə]で発音するのが基本である．

    menu [məny]   seconde [səgõːd]   montre [mõːtʀ]   porte [pɔʀt]   livre [liːvʀ]

- eが日本語のエに近い音（[e] [ɛ]）になるのは，(i) アクサンが付いているとき，(ii) 2つ以上の子音の前にあるとき，または (iii) 語末子音の直前にあるときである．

  (i) père [pɛːʀ]   fête [fɛt]   église [egliːz]   développer [devlɔpe]

  (ii) dessert [desɛːʀ]   serviette [sɛʀvjɛt]   cerf [sɛːʀ]   essence [esãːs]

  (iii) chef [ʃɛf]   mer [mɛːʀ]   nez [ne]   avec [avɛk]

2. 複母音字　Les diphtongues　`DL 10`

母音字であるa, i/y, e, o, uの組み合わせには対応する特別な読み方がある．

au, eau [o]	: aussi [osi]	beauté [bote]	eau [o]
ei, ai [ɛ]	: Seine [sɛn]	lait [lɛ]	
œu, eu [ø] [œ]	: sœur [sœːʀ]	acteur [aktœːʀ]	deux [dø]
oi [wa]	: poil [pwal]	croissant [kʀwasã]	
ou [u]	: mousse [mus]	cours [kuːʀ]	rouge [ʀuːʒ]

3. 鼻母音　Les voyelles nasales　`DL 11`

母音字・複母音字にmやnが組み合わされると鼻母音となる．

an, am, en, em [ã]	: an [ã]	campagne [kãpaɲ]	ensemble [ãsãːbl]
ein, in, ain [ɛ̃]	: plein [plɛ̃]	Inde [ɛ̃ːd]	africain [afʀikɛ̃]
on, om [õ]	: onde [õːd]	oncle [õːkl]	complet [kõplɛ]
un, um [œ̃]	: un [œ̃]	parfum [paʀfœ̃]	

4. 子音字　Les consonnes　`DL 12`

- 語末の子音字は原則として発音しないが，例外も多い．c, r, f, lは特に読むことが多い．

    avec [avɛk]   sur [syʀ]   bref [bʀɛf]   fil [fil]   col [kɔl]   but [byt]

- cとg　それぞれi, y, eの前では[s]と[ʒ]，それ以外は[k]と[g]．

  c [s]：ici [isi]   centre [sãːtʀ]   bicyclette [bisiklɛt]

  c [k]：coca [kɔka]   cube [kyb]   couleur [kulœːʀ]

  g [ʒ]：gilet [ʒile]   genre [ʒãːʀ]   gymnastique [ʒimnastik]

  g [g]：gare [gaːʀ]   gauche [goːʃ]   guichet [giʃɛ]

- ch　　[ʃ]で発音するが，外来語や借用語では[k]や[tʃ]となることがある．

  champ [ʃã]   chemin [ʃəmɛ̃]   chrétien [kʀetjɛ̃]   orchestre [ɔʀkɛstʀ]   Bach [bak]

  Munich [mynik]   sandwich [sãdwitʃ]   scotch [skɔtʃ]

- s　　[s]で発音するが，前後が母音のときは[z]．ただし，ssのときは[s]のままである．

  son [sõ]   saison [sɛzõ]   désert [dezɛːʀ]   boisson [bwasõ]   dessert [desɛːʀ]

- ph　　[f]で発音する．

  photo [foto]   philosophie [filɔzɔfi]

・th, rh　hを無視してt, rのみ発音する.
　　thé [te]　　　　rythme [ʀitm]　　　rhubarbe [ʀybaʀb]　　　rhume [ʀym]
・il, ill[j]：famille[famij]　　　travail[tʀavaj]
　　ただし, tranquille[tʀɑ̃kil], ville[vil], mille[mil]およびその派生語のときは[l]で発音する.
・gn　[ɲ]で発音する.
　　Espagne [ɛspaɲ]　　signe [siɲ]

5. hの読み方

　h自体は発音されない. しかし, リエゾン, エリジヨン, アンシェヌマンについては有音のhと無音のhの区別が必要となる.

6. リエゾン, エリジヨン, アンシェヌマン　Les liaisons, les élisions et les enchaînements　DL 13
　後続する語が母音や無音のhであるとき, 読み方が変化する.

・リエゾン(連音)：発音しなかった語末子音が発音される, または新たな子音が加わる.
　　des [de] + étudiants [e-ty-djɑ̃] → des étudiants [de-ze-ty-djɑ̃]
　　un [œ̃] + étudiant [e-ty-djɑ̃]　 → un étudiant [œ̃-ne-ty-djɑ̃]

> エリジヨンする語はle, la, de, ne, ce, je, me, te, se, que および queを含んだ接続詞quoique, puisque, lorsqueである. la を除いてあいまい母音の e [ə] が省略される. また, 接続詞si は il, ils とのみエリジヨンし, s'il, s'ils となる.

・エリジヨン(省略)：冠詞, 指示詞や否定辞等のあいまい母音が脱落し, 次の語と結合する.
　　je [ʒə] + ai [e] → j'ai [ʒe]　　　　le [lə] + hôtel [otɛl] → l'hôtel [lotel]
　　ce [sə] + est [ɛ] → c'est [sɛ]

・アンシェヌマン(連読)：語末子音が次の語の母音と音節をつくる.
　　il [il] + aime [ɛm] → il‿aime [i-lɛm], mon [mõ] + ami [ami] → mon‿ami [mõ-na-mi]

　有音のhではこれらの音声変化が起こらない. 有音と無音の区別は単語ごとに決まっており, 辞書では, 有音のときは「*hasard」のように「*」「†」などの記号で記されている.
　　un hasard [œ̃ a-za:ʀ]　（×[œ̃ na-za:ʀ]）　le hasard [lə a-za:ʀ]　（×[la-za:ʀ]）
　　les hasards [le a-za:ʀ]　（×[le-za-za:ʀ]）

　フランス語では母音の連続が嫌われる. リエゾン, エリジヨン, アンシェヌマンは母音の連続を避けるための手段である. その他にも, 疑問文のときには連続する母音の間に子音tをはさむ(2課参照), 母音や無音のhから始まる名詞の前では男性第2形と呼ばれる形容詞をつかうといった方法もつかわれる(3課および4課参照).

基本文型

　ほとんどの文に動詞は必要である．Bonjour (Hello) や Et vous ?（And you ?）のように動詞がないこともあるが，動詞こそ文の中心であり，動詞が必要とする名詞の数とその役割によって文型は決まる．

(1) 主語＋動詞．主語以外を必要としないもの．この場合，動詞は自動詞であり，英語の第1文型 SV と同じである．

　　　　Il marche. He walks.　　　　Elle danse. She danses.

　　しかし，自動詞であっても，時間や場所を表す前置詞句をつかった補語を伴うことがある．

　　　　J'habite à Paris. I live in Paris.　　　　　　　Il vient de Nice. He comes from Nice.

　　　　Elle arrive à 10 heures. She arrives at 10 o'clock.

(2) 主語＋動詞＋属詞（名詞／形容詞）．être（be）やそれに近い devenir（become）などの動詞の後にくる要素は属詞と呼ばれ，主語の性質を表す．英語の第2文型 SVC に相当するが，フランス語の属詞は形容詞としての性質が強く，属詞が職業名や国籍などを表す名詞のときは冠詞が必要ない．

　　　　Elle est japonaise. She is a Japanese.　　　　Il est grand. He is tall.

(3) 主語＋動詞＋目的語（＝直接補語）．動詞は他動詞であり，英語の第3文型 SVO と同じである．

　　　　Il prend le train. He takes the train.　　　Il connaît ton adresse. He knows your address.

(4) 主語＋動詞＋目的語（＝間接補語）．動詞は他動詞であり，前置詞を介して目的語をとる．英語に直接的に対応する文型はない．この他動詞は間接他動詞と呼ばれ，辞書では「間他」などと記される．

　　　　Il parle d'un événement. He speaks of an event.

　　　　Il participe à une conférence. He participates in a conference.

(5) 主語＋動詞＋目的語（直接補語）＋目的語（間接補語）．英語の第4文型 SVOO に相当する．フランス語では動詞の後にそのまま現れる直接補語と，前置詞 à を介して導入される間接補語が区別される．前置詞の有無で区別するため，英語とは異なり，語順を変えることができる．

　　　　Il donne une fleur à sa femme. He gives a flower to his wife.

　　　　Il donne à sa femme une fleur. He gives his wife a flower.

(6) 主語＋動詞＋目的語（直接補語）＋属詞．英語の第5文型 SVOC に相当する．直接補語と属詞の間に「直接補語は〜である」のような主述関係がなりたつ．この文型につかえる動詞は trouver, appeler, laisser（〜のままにする）など，少数の動詞に限られる．

　　　　Je trouve ce film intéressant. I find this film interesting.

　　　　Il appelle son chien Caramel. He calls his dog Caramel.

　　　　Cette histoire me laisse indifférent. This story leaves me indifferent.

　フランス語の基本文型は英語と非常によく似ているが，違う点も多い．特に，(4)の間接他動詞（英語では自動詞扱い）や(5)の語順が自由である点などは特に注意すべき点である．辞書を引くときには「自動詞か他動詞か」だけではなく，「どのような前置詞と一緒につかわれるか」という点も重要である．

Leçon 1 ～❀～

DL 14

La Philosophie n'est pas. En fait, il y a **des** philosophies.

Jean-Paul Sartre, *Critique de la raison dialectique*

（大文字で始まる）哲学なるものは存在しない．実際に存在するのはいくつもの哲学である．

ジャン＝ポール・サルトル『弁証法的理性批判』

哲学者サルトルは，定冠詞つきで大文字で始まる La Philosophie など存在せず，あるのは不定冠詞のついた des philosophies だと言います．この文の後，さらに「むしろ各時代に応じた一つの哲学 une philosophie がある」と続くのですが，une も不定冠詞です．フランス語は冠詞の種類が多く，それぞれの意味と形に注目する必要があります．

1. 名詞の性と数 　Le genre et le nombre des noms　　**DL 15**

1) 名詞の性

フランス語の名詞には男性と女性の区別がある．自然の性があるものはその性に一致する．

男性（masculin）：père 父, frère 兄弟, homme 人・男, jour 日, temps 時間, monde 世界, hôtel ホテル, vélo 自転車, stylo ボールペン, cahier ノート, prix 価格, nez 鼻…

女性（féminin）： mère 母, sœur 姉妹, femme 女, famille 家族, maison 家, ville 街, chose 物, heure （ある特定の）時間, voiture 車, école 学校, table テーブル, fois 回数…

> professeur 先生, enfant 子供, élève 生徒, secrétaire 秘書など，職業・身分を表す名詞は男女共通のものもある．しかし，une professeure のように，時代とともに女性形がつかわれるようになってきている．

e を付けることで女性形をつくることができるものもある．

étudiant / étudiante 学生　　ami / amie 友達

Japonais / Japonaise 日本人

2) 名詞の数

複数形は語末に s を付けてつくる．ただし，複数の s は発音しないため，名詞の発音に影響を与えない．語末が s，x または z のときは s を付ける必要はない（特殊な複数形は 4 課）．

vélo → vélos　　homme → hommes　　maison → maisons　　école → écoles
fois → fois　　prix → prix　　　　nez → nez

2. 不定冠詞と定冠詞 　Les articles définis et indéfinis　　**DL 16**

冠詞には不定冠詞，定冠詞，部分冠詞（2 課）がある．名詞と性数一致し，単数では男性と女性の区別があるが，複数のときは男性と女性で同じ形をつかう．

> 名詞の複数の s は発音されないため，音声上，単複の区別は冠詞によって行われる．

	男性単数	女性単数	複数
不定冠詞	un	une	des
定冠詞	le (l')	la (l')	les

> 語頭が母音または無音の h のとき，リエゾン，エリジョン，アンシェヌマンが起こる．une école, l'école, des écoles, les écoles, un hôtel, l'hôtel, des hôtels, les hôtels.

un / le garçon　une / la fille　des / les garçons　des / les filles
a/the boy　　　a/the girl　　φ /the boys　　　φ /the girls

→ Exercice 1

3. 形容詞の一致　L'accord du genre et du nombre

DL 17

　形容詞にも性数の区別があり，名詞の性数に一致する．形容詞の女性形は男性形にeを付け，語末が
eのときは変化しない．複数形はsを付ける．原則として名詞の後ろにおく．

un vélo **vert**	des vélos **verts**	緑色の自転車
une salade **verte**	des salades **vertes**	グリーンサラダ

➡ Exercice 2

4. 主語人称代名詞と規則動詞第1グループの直説法現在形
Les pronoms personnels sujets et la conjugaison des verbes du premier groupe

DL 18

1) 主語人称代名詞

　1人称と2人称は話し手と聞き手を指す．3人称は人だけではなく，ものを指すこともできる．

	単数		複数	
1人称	**je**	I	**nous**	we
2人称	**tu**	you	**vous**	you
3人称	**il / elle**	he/she/it	**ils / elles**	they

> 聞き手が一人のときであっても，心理的距離があるときにはvousをつかう．

2) 規則動詞第1グループの直説法現在形と基本文型

　すべての動詞は主語の人称・数に応じて語尾が変化する．これを活用という．規則動詞第1グループ
の不定形の語尾は–erで終わり，この語尾を除いた部分が語幹である．

marcher 歩く③		**aimer** 好む③	
je **march**e	nous **march**ons	j'**aim**e	nous **aim**ons
tu **march**es	vous **march**ez	tu **aim**es	vous **aim**ez
il / elle **march**e	ils / elles **march**ent	il / elle **aim**e	ils / elles **aim**ent

> 動詞の番号は巻末の動詞活用表に対応する．

> 3人称複数の-entは読まない．lentement [lɑ̃tmɑ̃] ゆっくり や souvent [suvɑ̃] 頻繁に のように同じつづりをもつ語ではtを除く語尾を発音する．

Je **cherche** la gare.	駅を探しています．
Nous **habitons** à Paris.	私たちはパリに住んでいます．
Il **porte** toujours une cravate.	彼はいつもネクタイを締めている．
Louis **donne** un cadeau à Léa.	ルイはレアにプレゼントをあげる．

> 語順は主語・動詞・目的語の順であり，ここでのàは場所や着点を表す前置詞．詳しくは文法コラム「基本文型」(p.11)参照．

フランス語には現在進行形がなく，現在形で進行中の動作も表す．

Un instant, je **travaille**.　　　　ちょっと待って，仕事中です．
A moment please. I'm working.

> 副詞は動詞の意味を補足し，通常，動詞の後におく．bien上手に，mal下手に，vite早く，souvent頻繁に，toujoursいつも，encoreまだ，déjàすでに など．

その他，普遍的真理，歴史的現在などでも現在形がつかわれる．

La Terre **tourne**.　　　　　　　地球は回る．

➡ Exercice 3

5. 否定文のつくり方　La structure des phrases négatives

DL 19

否定文は動詞をneとpasではさんでつくる．

Olivier **n'**écoute **pas** la radio.	オリヴィエはラジオを聞かない．
Le WiFi **ne** marche **pas** bien.	WiFiの調子が悪い．

> 動詞が母音や無音のhではじまるときはneがエリジョンをしてn'となる．

➡ Exercice 4

6. 強勢形　Les pronoms toniques

　人称代名詞の強勢形は，1)文頭において対比を強調する，2)前置詞のあと，3)比較の対象を導く que のあとなど，さまざまなつかい方がある．

	単数		複数	
1人称	**moi**	me	**nous**	us
2人称	**toi**	you	**vous**	you
3人称	**lui**	him	**eux**	them
	elle	her	**elles**	them

　Moi, je parle français. Et **toi** ?　　私はフランス語を話します．君は？

Exercices

1. 次の名詞に適切な不定冠詞および定冠詞を付けなさい．

　　1) maison　　2) vélo　　3) stylos　　4) homme　　5) heure
　　6) table　　7) école　　8) élèves　　9) cadeau　　10) enfants

2. 括弧内の形容詞を名詞に一致させなさい．

　　1) un chat（noir）　　　　　2) des sacs（lourd）　　　3) une forêt（profond）
　　4) des histoires（intéressant）　5) des films（français）　6) une boisson（froid）
　　7) une rose（jaune）　　　　8) une idée（différent）

3. 次の動詞と名詞を組み合わせて，各人称を主語とした6つの文をつくりなさい．

Je（J'）		aimer		le jazz　　　　　le rock　　　　　la musique classique
Tu		écouter		les films français　le professeur de français
Il / Elle	+	chercher	+	la gare　　　　　la poste　　　　les toilettes　　　l'hôtel
Nous		porter		une chemise　　une jupe　　　une veste
Vous				un stylo　　　　un sac
Ils / Elles				

4. 次の文を否定文にしなさい．

　　1) Je regarde la télévision.　　2) Il habite à Lyon.
　　3) Elle travaille.　　　　　　4) Nous aimons les chiens.

Thème

　　1) 私はフランス料理が好きです．
　　2) 彼はいつも歩いています．
　　3) 私たちはピエールに面白い本（複数）をあげます．

　　語彙：1) 料理 cuisine（f.），3) ピエール Pierre，本 livre（m）

> 名詞の性数に関する指示は，男性 m.（masculin），女性 f.（féminin），単数 s.（singulier），複数 pl.（pluriel）と表記する．

発展

1. 基本的な接続詞

接続詞は同じ種類の語と語，文と文の関係を表す．

et	and	**si**	if
mais	but	**comme**	as
ou	or	**que**	that など

2. 基本的な前置詞

前置詞は後ろに名詞あるいは強勢形の人称代名詞を伴ってさまざまな意味を表す．

à	at/to	〜へ／に	**chez**		〜の家で／へ	
de	of/from	〜の，〜から	**pour**	for	〜のために	
dans	in	〜の中，（期間）後に	**avec**	with	〜と一緒に，〜をつかって	
sur	on	〜の上に	**sans**	without	〜なしで	
sous	under	〜の下に	**malgré**	in spite of	〜にもかかわらず	

Je dîne **chez** moi.	家で夕食を食べます．
Marie travaille **avec** François.	マリーはフランソワと一緒に仕事をしています．
Jean prépare une tarte **pour** une amie.	ジャンは友達のためにタルトを作る．
Le Petit Chaperon rouge marche **dans** la forêt.	赤ずきんちゃんは森の中を歩いている．

3. 語幹が不規則な規則動詞第1グループ

規則動詞第1グループの活用語尾は常に規則的である．しかし，発音の都合のために語幹が変化するものがある．1）1・2人称複数以外でアクサンが加わるもの（acheter），2）1・2人称複数以外で子音字を重ねるもの（appeler），3）–ger, –cerで終わる動詞で1人称複数のときに変化があるもの．

	acheter 買う⑤	**appeler** 呼ぶ⑦	**manger** 食べる㉕	**commencer** 始める㉜
je (j')	ach**è**te	appe**ll**e	mange	commence
tu	ach**è**tes	appe**ll**es	manges	commences
il / elle	ach**è**te	appe**ll**e	mange	commence
nous	achetons	appelons	mang**e**ons	commen**ç**ons
vous	achetez	appelez	mangez	commencez
ils / elles	ach**è**tent	appe**ll**ent	mangent	commencent

また，不定形が–yerで終わるpayer（払う）㉛，envoyer（送る）⑳といった動詞では，単数形と3人称複数形でyがiに変わる：je pa**i**e, nous pa**y**ons, ils pa**i**ent ; j'envo**i**e, nous envo**y**ons, ils envo**i**ent.

発展練習 次の動詞を直説法現在形の各人称に活用させなさい．

1）jeter　　2）avancer　　3）partager　　4）envoyer　　5）lever

Leçon 2 ⁓◦⊱

La vie n'est facile pour aucun de nous. Mais quoi, il faut avoir **de la** persévérance,
et surtout **de la** confiance en soi.　　　　　　　　Marie Curie, lettre à son frère

人生は私たちの誰にとっても楽ではありません．でもそれが何だというのでしょうか，私たちは根
気強さと，とりわけ自分自身に対する信頼を持たなければなりません．マリー・キュリー「兄への手紙」

部分冠詞は普通，数えられない名詞につけて，ある程度の量を表します．ここでは persévérance（根気強
さ）や confiance（信頼）という抽象名詞につけることで，根気強さや自分への信頼を実際に私たちが持たな
ければならない具体的なものとして表現しています．部分冠詞は英語にはない，フランス語やイタリア語
に特有の冠詞です．

1. être と avoir の直説法現在　L'indicatif présent des verbes *être* et *avoir*　

être be ②		**avoir** have ①	
je **suis**	nous **sommes**	j'**ai**	nous **avons**
tu **es**	vous **êtes**	tu **as**	vous **avez**
il / elle **est**	ils / elles **sont**	il / elle **a**	ils / elles **ont**

> 英語と同じく，受動態や完了時制
> をつくるときの助動詞にもなる．

1) 基本的な用法

être には主語の性質を表す用法と存在を表す用法がある．

Il **est** étudiant. / Elle **est** étudiante.　　彼／彼女は学生です．
Je **suis** malade.　　　　　　　　　　私は病気です．
Nous **sommes** à Lyon.　　　　　　　　私たちはリヨンにいます．

> フランス語文法では主語とイコー
> ルの関係になるものを属詞と呼ぶ．
> 英文法の「補語」に似ているが，冠
> 詞のつかい方が英語とは異なる．

avoir は直接補語をとって所有の意味を表す．

> 「直接補語」は英文法の直接目的語
> に相当する．

J'**ai** une question.　　　　　質問があります．
Elle **a** trois professions.　　彼女は3つの職をかけもちしている．

> 数詞1〜10：un, deux, trois, quatre,
> cinq, six, sept, huit, neuf, dix

➡Exercice **1**

2) 提示表現

➡Exercice **2**

提示表現には il y a, voilà, voici がある．目の前にあるものについて voilà は遠くのもの，voici は近く
のものを指す．提示するものは単数でも複数でも形は変わらない．

Il y a deux chats sur la chaise.　　椅子の上に猫が2匹いま
　　　　　　　　　　　　　　　　す．

> 1つのものを提示するときは普通 voilà
> をつかい，voici は丁寧さを伴う．

Enfin ! **Voilà** les invités !　　　　やっとお客さんがきた．
L'addition, s'il vous plaît. — **Voici**.　お勘定，お願いします．
　　　　　　　　　　　　　　　　—どうぞ．

> plaît は英語の please にあたる plaire
> の直説法現在で，s'il vous plaît はお
> 願いするときにつかう定型表現．

「これは〜です」「この人は〜です」と示すときには ce をつかう．
数によって c'est と ce sont がある．

René, **c'est** un poète. Simone, **c'est** une philosophe.　　ルネは詩人です．シモーヌは哲学者です．
Attention, **c'est** un chien méchant.　　　　　　　　気をつけて，噛む犬だよ．

Ce sont des artistes magnifiques. 素晴らしい芸術家たちです.
L'important, c'est le détail. 大事なのは，細かいところです.

2. 前置詞と冠詞　Les prépositions et les articles

DL 23

1) 縮約

前置詞deとàの後に定冠詞le, lesが続くとき，縮約形をつかう．定冠詞laは変化しない.

de + le	→ **du**	la voiture **du** futur	未来の車
de + les	→ **des**	la liste **des** courses	買い物リスト
à + le	→ **au**	Il habite **au** Japon.	彼は日本に住んでいます.
à + les	→ **aux**	Elle est **aux** États-Unis.	彼女は合衆国にいます.
de + la	→ **de la**	l'anniversaire **de la** Révolution française	
			フランス革命記念日
à + la	→ **à la**	Il habite **à la** campagne.	彼は田舎に住んでいます.
de + l'	→ **de l'**	le loyer **de l'**appartement	アパートの家賃
à + l'	→ **à l'**	Il est **à l'**hôpital.	彼は入院しています.

> 名詞が母音や無音のhのとき，縮約よりもエリジヨンが優先される．また，前置詞deに不定冠詞desや部分冠詞が続くとき，不定冠詞が省略される.
>
> les livres de des images
> → les livres d'images 絵本
> 不定冠詞unやuneが続くときはdeがエリジヨンする．les livres d'un enfant ある1人の子供の本.

→ Exercice 3

2) 部分冠詞

duとde laは部分冠詞としてつかわれ，数えられないものを表す名詞につける．複数形はない.

男性	女性
du (de l')	**de la** (de l')

> 語頭が母音または無音のhのとき男性も女性もde l'になる.

Du pain, s'il vous plaît. パンください.
Tu as de la patience ! 辛抱強いね.
Vous avez de l'eau chaude ? お湯はありますか？

3) 冠詞のつかい分け

定冠詞は文脈や背景知識などから聞き手が特定できるものにつかう．聞き手が特定できないときは不定冠詞・部分冠詞をつかう．このとき，数えられるものには不定冠詞，数えられないものには部分冠詞をつかう.

	特定できない	特定できる
数えられる	不定冠詞 **un, une, des**	定冠詞 **le, la, les**
数えられない	部分冠詞 **du, de la**	

数えられるものと数えられないものの区別は名詞によって自動的に決まるわけではなく，どういうものとして捉えるかによる.

J'aime le café. コーヒーが好きです．（好き嫌いの対象）
Un café, s'il vous plaît. コーヒー1つ，ください．（一杯）
Je prépare du café. コーヒー淹れるね．（一定量）
J'aime manger du fromage avec de la confiture. ジャムをかけてチーズを食べるのが好きです.
J'aime manger des légumes. 野菜を食べるのが好きです.
J'aime le fromage et les légumes. チーズと野菜が好きです.

→ Exercice 4

4) 否定文中の冠詞

直接補語についている不定冠詞や部分冠詞は否定文では de となる．定冠詞がつかわれているとき，直接補語ではないときは変化しない．

J'ai un parapluie.	→ Je n'ai pas **de** parapluie.	傘がありません．
Il mange de la viande.	→ Il ne mange pas **de** viande.	彼は肉を食べない．
Il y a des places libres.	→ Il n'y a pas **de** places libres.	空席はありません．
Nous regardons la télé.	→ Nous ne regardons pas **la** télé.	テレビは見ません．
C'est un secret.	→ Ce n'est pas **un** secret.	これは秘密ではありません．

3. 疑問文　Les phrases interrogatives　　DL 24

1) つくり方

文末のイントネーションによる	Tu aimes les chats ? ♪	猫は好きですか．
文頭に est-ce que をおく	**Est-ce que** tu aimes les chats ?	
主語と動詞を倒置する	**Aimes-tu** les chats ?	

規則動詞第1グループ，avoir，aller（3課）の3人称単数では，倒置した動詞と主語の間に -t- を入れる．

> くだけたスタイルで話すときは上昇イントネーションが多く，est-ce que もよくつかわれる．書き言葉では倒置が多く，フォーマルな場で格調高く話すときにも倒置が好まれる．

Travaille-**t**-elle toujours pour la même société ?　彼女はまだ同じ会社で働いているのですか．

Y a-**t**-il des lapins sur la Lune ?　月にうさぎはいるの？

主語が名詞のとき，動詞の後に主語名詞の性数に対応する代名詞を入れて倒置する．これを複合倒置という．

Hélène joue du piano ?　→ Hélène joue-**t**-elle du piano ?　エレーヌはピアノを弾きますか．

Paul est d'accord ?　→ Paul est-**il** d'accord ?　ポールは賛成していますか．

→ Exercice 5

2) 答え方

疑問文に肯定で答えるときは oui，否定で答えるときは non をつかう．ただし，否定疑問に肯定で答えるときには si をつかう．

Êtes-vous médecin ? あなたは医者ですか．	Est-ce qu'il ne fume pas ? 彼はたばこを吸わないんですか．
— **Oui**, je suis médecin. はい，そうです	— **Si**, il fume. いいえ，吸います．
— **Non**, je ne suis pas médecin. いいえ，違います	— **Non**, il ne fume pas. はい，吸いません．

→ Exercice 6

Exercices

1. être を活用させ，枠内の語と組み合わせて文をつくりなさい．性数一致が必要になるときに注意すること．

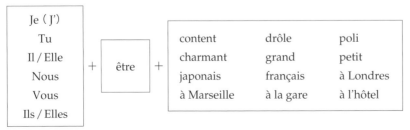

Je (J')			content	drôle	poli
Tu			charmant	grand	petit
Il / Elle	+ être +		japonais	français	à Londres
Nous			à Marseille	à la gare	à l'hôtel
Vous					
Ils / Elles					

2. avoir を活用させ，枠内の語と組み合わせて文をつくりなさい.

Je（J'） Tu Il / Elle Nous Vous Ils / Elles	+	avoir	+	un chapeau　un costume des gants　des écharpes un pull　des chaussures une moto　une voiture une maison　une ceinture un problème　une idée

3. 以下の文に適当な前置詞と冠詞またはその縮約形を入れなさい.

　　1）Il y a le musée（　　）Moyen Âge près de chez moi.（près de：～の近く）
　　2）Elle téléphone（　　）réception（　　）hôpital.
　　3）Tu trouves un nouveau catalogue（　　）bibliothèque sur le site Internet.
　　4）Vous consultez les horaires（　　）trains.
　　5）Nous mangeons souvent（　　）restaurant（　　）quartier.

4. 括弧の中に適切な冠詞を入れなさい.

　　1）Il y a encore（　　）eau dans la bouteille.　　2）Ils aiment（　　）riz.
　　3）Elle écoute（　　）musique.　　4）Vous versez（　　）vin dans la casserole.
　　5）Le rugby est（　　）sport.　　6）Nous achetons（　　）viande.

5. 次の文を否定文・疑問文にしなさい.

　　1）Guillaume arrête les bêtises.　　2）Ils ont de l'argent.
　　3）C'est une erreur.　　4）Il y a des supermarchés près d'ici.（ici：ここ）

6. 次の疑問文に肯定・否定の両方で答えなさい.

　　1）Vous êtes étudiants ?　　2）Tu n'aimes pas les romans historiques ?
　　3）Elle ne travaille pas le lundi ?　　4）Vous achetez des bandes dessinées ?

Thème

　　1）あなたはピアノを上手に弾きますね. —— 私は音楽科の学生なんです.
　　2）牛乳はありますか？——いいえ，牛乳はありません.
　　3）あちらが先生（単数）の席で，こちらが生徒たちの席です.

　　語彙：1）音楽科の en musique，2）牛乳 lait（m）

発展

1. être と avoir をつかった慣用表現

être で日付や曜日を表すことができる．主語は nous である．

Nous sommes jeudi. 木曜です．It is Thursday.

Nous sommes le 17 avril. 4月17日です．It is April 17th.

対応する疑問文は次のようになる．

Nous sommes quel jour ? 何曜日ですか．What day is it today ?

Nous sommes le combien ? 何日ですか．What's the date today ?

avoir をつかった慣用表現は非常に多く，日常的によくつかわれる．

avoir X an(s)	: Il a sept **ans**. 彼は7歳です．
avoir chaud/froid	: J'ai chaud. 暑い． J'ai froid. 寒い．
avoir faim/soif/sommeil	: Tu as faim ? お腹すいた？ Vous **avez sommeil** ? 眠いんですか．
avoir raison/tort	: Elle a raison. 彼女は正しい Il a tort. 彼は間違っている
avoir mal à	: J'ai mal à la tête. 頭が痛い． J'ai mal au pied. 足が痛い．
avoir peur（de）	: J'ai peur des fantômes. お化けが怖い．
avoir besoin de	: Vous **avez besoin de** conseils ? アドバイスが必要ですか．

> 曜日名：lundi, mardi, mercredi, jeudi, vendredi, samedi, dimanche
>
> 月名：janvier, février, mars, avril, mai, juin, juillet, août, septembre, octobre, novembre, décembre
>
> 英語と異なり，これらは大文字で書き始めない．

2. 冠詞の様々な用法と話し手の捉え方

冠詞を使うときには聞き手本位で特定できるかどうかを考える必要がある．

Madame, s'il vous plaît. すみません．

Oui monsieur, je vous aide. お客様，どうされましたか．

Je cherche un livre. 本を1冊探しているんです．

本を探すとき，「何でもいいので本を1冊」探すことはまずない．話し手は特定の本を思い描いているはずである．しかし，その本は聞き手にとっては分からないものなので不定冠詞をつかう．

ただしこの後，「本のタイトルは～」などと話が続くとき，初出であっても定冠詞が使われる．

Le titre est *Le Rouge et le Noir*. タイトルは『赤と黒』です．

ふつう，本にはタイトルがあり，作者もいる．ある本が話題にあがった瞬間，タイトルや作者は「その本の」タイトルや作者として聞き手にも理解できるので，問題なく定冠詞が使われる．

Version   DL 25

1) Le Rêve est une seconde vie. (Gérard de Nerval)
2) Voilà le commencement de la fin. (Talleyrand)
3) Il n'y a pas de peuple sans culture. (Claude Lévi-Strauss)
4) Ce sont les mots de tous les jours, et ce ne sont point les mêmes. (Paul Claudel)
5) Les sanglots longs
   Des violons
   De l'automne
   Blessent mon cœur
   D'une langueur
   Monotone. (Paul Verlaine)

名詞の性

　フランス語の名詞には男性と女性の区別がある．これは文法上の性（genre grammatical）であり，人や生物を表す名詞であれば現実の性別（sexe）に一致するが，ほとんどの名詞は意味や形から性を判断することができない．すべての男性名詞に共通する性質，すべての女性名詞に共通する性質を取り出すことはできないということである．soleil(太陽，男性)とlune(月，女性)を比べて何か意味を見出す人がいるかもしれないが，ドイツ語では太陽は女性，月は男性である．花はラテン語では男性であり(flos)，イタリア語では男性(fiore)のままだが，フランス語では女性に変わった(fleur)．

　名詞の性はフランス語を学ぶ上で非常に重要な特徴であり，名詞と関連する冠詞や指示形容詞（ce その〜），所有形容詞(mon私の〜)といった名詞の前におく要素や，形容詞を正しくつかう上でも知っておく必要がある知識である．

　文法的な性は基本的には単語ごとに覚えるべきものである．しかし，一定の意味のまとまりや語末の形で自動的に性が分かる場合もある．

語末の形から男性であると分かる場合

- –age：âge 年齢，visage 顔，nuage 雲，mariage 結婚，voyage 旅...

> 語末が–ageであっても，少数ながら女性名詞もある．plage 砂浜，cage かご，page ページ，image 像 など．

- –ment：moment 瞬間，gouvernement 政府，sentiment 感情，événement 出来事...
- –ier：papier 紙，escalier 階段，quartier 界隈，policier 警察官，métier 職業...

意味的に男性だと分かる場合

- 月の名前および曜日の名前 → 2課参照
- ほとんどの樹木の名前や言語名（le français フランス語，le japonais 日本語，l'anglais 英語，le chinois 中国語...），元素名(oxygène 酸素，hydrogène 水素，chlore 塩素，azote 窒素...)．

語末の形から女性であると分かる場合

–tion：question 質問，action 行動，situation 状況，condition 条件，attention 注意，direction 方向，émotion 情動，position 位置，fonction 機能...

> 英語と意味と綴りが同じか，似ていることが多い．しかし発音は異なる．

–sion：passion 情熱，expression 表現，occasion 好機，impression 印象，discussion 議論...

–té：société 社会，vérité 真実，liberté 自由，qualité 質，quantité 量，volonté 意志，beauté 美，possibilité 可能性...

> –téで終わる名詞は多くの場合，–tyにして発音を変えれば英語になる．

–aison：maison 家，raison 理性，saison 季節，combinaison 組み合わせ...

–ologie：idéologie イデオロギー，apologie 弁明，biologie 生物学...

意味的に女性だと分かる場合

　語末が–ologieの語は，biologieだけではなく，psychologie 心理学，sociologie 社会学，technologie 工学，pédagogie 教育学，pharmacologie 薬学 のように学問名に多い．その他の学問名もほとんど女性である．chimie 化学，littérature 文学，linguistique 言語学，histoire 歴史（学），économie 経済（学），loi 法（学），médecine 医学，philosophie 哲学，physique 物理学，science 科学／理学．

Leçon 3 ～❦～

Mon enfant, **ma** sœur,	わが子よ，わが妹よ，
Songe à la douceur	思ってもみよ，その快さ，
D'aller là-bas vivre ensemble !	彼処<ruby>処<rt>かしこ</rt></ruby>に住き，二人して暮らす日の！

Charles Baudelaire, « Invitation au voyage », *Fleurs du mal*

シャルル・ボードレール「旅への誘い」『悪の華』（阿部良雄訳）

19世紀の詩人ボードレールが呼びかけている mon enfant, ma sœur は英語では my child, my sister に相当します．ここでもフランス語では名詞の性数が関係してきます．また，Songe は規則動詞第1グループ songer の tu に対する命令法です．直説法では -es で終わりますが，命令法では s がありません．

1. 規則動詞第2グループの直説法現在　L'indicatif présent des verbes du deuxième groupe　

規則動詞第2グループは不定形の語尾が -ir で終わり，単数と複数で語幹が異なる．

finir ④

je **fini**s	nous **finiss**ons
tu **fini**s	vous **finiss**ez
il / elle **fini**t	ils / elles **finiss**ent

> 「すべての」を意味する形容詞 tout は冠詞の前に置き，名詞の性数に応じて tout, toute, tous, toutes という形をとる．

代表的な動詞：choisir（選ぶ），obéir（従う），saisir（把握する），réussir（成功する），remplir（満たす），réunir（集める），réfléchir（よく考える）．

Je **fini**s le petit-déjeuner dans une minute.　すぐに朝食を終えます．
Il **réussi**t dans toutes les situations.　彼はどんな場合も成功する．

➡ Exercice **1**

2. 所有形容詞と指示形容詞　Les adjectifs possessifs et démonstratifs　

1）所有形容詞

			名詞の性数		
			男性単数	女性単数	複数
所有者	単数	1人称	**mon**	**ma**（mon）	**mes**
		2人称	**ton**	**ta**（ton）	**tes**
		3人称	**son**	**sa**（son）	**ses**
	複数	1人称	notre		nos
		2人称	votre		vos
		3人称	leur		leurs

> son père は「彼のお父さん」あるいは「彼女のお父さん」であり，英語の his father, her father の区別はない．

> 母音や無音の h で始まる女性単数の名詞の場合，男性単数形と同じ形をつかう．たとえば mon école, son idée（彼／彼女の考え）など．

mon mari 私の夫，ta femme 君の妻，son adresse (f) 彼／彼女の住所，vos parents あなたの両親，leur voiture 彼（女）らの車，le Japon et sa culture 日本とその文化，Rome et son histoire (f) ローマとその歴史

On invite souvent **nos** amis à dîner.

私たちはよく友達を夕食に招きます.

Le vendeur arrange les rayons de fruits par **leur** origine.

店員は果物売り場を産地ごとに分けている.

➡ Exercice 2

不定代名詞onは漠然と人々をさす用法と, 会話においてnousの代わりをする用法をもつ. 意味は複数だが, 3人称単数扱いであり, 動詞の活用はil/elleと同じである.

2) 指示形容詞

目の前にあるもの, すでに話題に出てきたもの, 空間的, 時間的に近いものを指す.

男性単数	女性単数	複数
ce (cet)	**cette**	**ces**

母音や無音のhではじまる男性単数の名詞の場合, cetがつかわれる.

Cette photo est floue.　　　　　　この写真はピントがぼけている.
J'aime **ce** tableau.　　　　　　　　この絵が好きだ.
Ces poires sont mûres ?　　　　　　この洋梨は熟していますか.
Laurent voyage en Europe **cet** été.　ローランはこの夏ヨーロッパを旅行する.

遠近を問題にするとき, 近いものには-ci, 遠いものには名詞の後に-làを加える.

Elle choisit ce manteau-**ci** et cette robe-**là**.　彼女はこのコートとあのワンピースを選ぶ.

➡ Exercice 3

3. aller, venir の直説法現在と近接時制

DL 29

L'indicatif présent des verbes *aller* et *venir*, le futur proche, le passé proche

aller go ⑥		**venir** come ㊼	
je **vais**	nous **allons**	je **viens**	nous **venons**
tu **vas**	vous **allez**	tu **viens**	vous **venez**
il / elle **va**	ils / elles **vont**	il / elle **vient**	ils / elles **viennent**

venirと同じ活用パターンの動詞には, revenir 戻る, devenir ～になる, tenir つかむ, contenir 含む などがある.

1) 基本用法

Nous **allons** à Istanbul.　　　　　私たちはイスタンブールに行きます.
Tu **vas** bien ?　　　　　　　　　　元気?
Mes parents **viennent** de Kyoto.　私の両親は京都出身です.
Je **viens** chez vous.　　　　　　　あなたの家に行きます.

venirは聞き手のところに移動するときにもつかうことができる. 日本語の「来る」とは異なり, 英語のcomeと似ている.

2) 近接時制

aller は近い将来に起こること(近接未来), venir は起こったばかりのこと(近接過去)を表すことができる.

近接未来:aller+ 不定詞

Votre plat **va venir** tout de suite.　ご注文の料理はすぐきます.
Vite ! On **va rater** le train.　　　　急いで. 電車に乗り遅れるよ.

近接過去:venir+de+ 不定詞

Clara **vient de rentrer** de Florence.

クララはフィレンツェから戻ったところだ.

Mon fils, il **vient d'avoir** cinq ans.　息子は5歳になったばかりだ.

allerとvenirに不定詞を続けて「しに行く」「しに来る」という意味を表すことができる. venirはdeの有無で近接過去と区別し, allerは文脈で判断する.

近接時制は現在形の一種であり, 近接未来は「起こりそうな現在の状態」, 近接過去は「起こったばかりの現在の状態」を表す.

3) 国名と前置詞

　　国名は性数によって前置詞と冠詞のつかい方が異なる．男性単数と複数のときは縮約形をつかい，女性単数のときは冠詞を付けず，前置詞も à ではなく en をつかう．

国名の性数	着点	起点	
男性単数	**au**	**du**	aller **au** Japon, habiter **au** Portugal, venir **du** Canada
女性単数	**en**	**de**	aller **en** France, habiter **en** Italie, venir **d'**Allemagne
複数	**aux**	**des**	aller **aux** États-Unis, habiter **aux** Pays-Bas, venir **des** Philippines

➡ Exercice 4

4. 命令法　L'impératif　　DL 30

　　命令法は聞き手(tu, vous)または聞き手と話し手を含む集団(nous)に対して用いるため，3つの活用形しかない．規則動詞第1グループと aller の2人称単数は語尾の s が脱落する．

	écouter	finir	aller	venir	être	avoir
tu	écoute	finis	va	viens	sois	aie
nous	écoutons	finissons	allons	venons	soyons	ayons
vous	écoutez	finissez	allez	venez	soyez	ayez

> s が脱落するその他の動詞に ouvrir 開ける㉙, cueillir 摘む などがある．

Allez tout droit et **tournez** à gauche après la banque.
　　　　　　　　　　　　　　まっすぐ行って，銀行を過ぎてから左に曲がってください．
Passe un bon week-end.　　楽しい週末を．
Choisissez bien vos mots.　ことばはよく選びなさい．
Soyons tranquilles.　　　　落ちつきましょう．

否定の命令は原則通り，動詞を ne と pas ではさむ．
Ne touche **pas** leurs affaires.　あの人たちのものに触っちゃだめ．
N'aie pas peur !　　　　　　怖がらないで．

➡ Exercice 5

5. 疑問副詞　Les adverbes interrogatifs　　DL 31

　　疑問副詞には quand(いつ)，où(どこ)，comment(どのように)，combien(いくら，いくつの〜)，pourquoi(なぜ)がある．疑問文のつくり方は原則，oui/non で答えられる疑問文と同じである．

Vous allez en France **quand** ? (イントネーションによる) ⎫
Quand est-ce que vous allez en France ? (est-ce que をつかう) ⎬ いつフランスに行きますか．
Quand allez-vous en France ? (倒置) ⎭
Où habitent-elles ? (*cf.* Où habitent vos sœurs ?)
　　　　　　　　　　　　　彼女たちはどこに住んでいますか．

> 疑問副詞が文頭にあるとき，主語が名詞であっても，複合倒置ではなく単純倒置することが多い．

Où sont les toilettes ?　　　トイレはどこですか．
Comment allez-vous ?　　　お元気ですか．
Ce film coréen, il est **comment** ?　この韓国映画，どう？
Ça coûte **combien** ?　　　　いくらですか．
Combien de jours fériés y a-t-il en France ?　フランスには祝日が何日ありますか．
Pourquoi aimez-vous le chocolat belge ?　どうしてベルギーのチョコレートが好きなんですか．

24

— **Parce que** c'est délicieux.　　　　　おいしいからですよ　　┌─────────────────────┐
　　　　　　　　　　　　　　　　　　　　　　　　　　　　　　│ pourquoiに対してはparce queで答える. │
　　　　　　　　　　　　　　　　　　　　　　　　　　　　　　└─────────────────────┘

➜ Exercice 6

Exercices

1. 括弧の中の動詞を直説法現在に活用させなさい.

1) Vous (choisir) la formule.　　　　　　2) Je (remplir) la piscine d'eau.
3) Tu (réussir) à l'examen.　　　　　　　4) Elle (réfléchir) à l'avenir.
5) Nous (choisir) l'entrée et le plat.　　6) Les candidats (remplir) les conditions du concours.
7) Le policier (saisir) le voleur par le bras.
8) La galerie (réunir) des chefs-d'œuvre de la Renaissance italienne.

2. 括弧の中に適切な所有形容詞を入れなさい.

1) Range (　　) jouets !　　　　　　　　2) Je lutte contre (　　　) sentiments.
3) Il a besoin de (　　　) lunettes pour lire.　4) Ils oublient peut-être (　　　) promesse.
5) Vous avez (　) pièce d'identité sur vous ?　6) Laissons (　　) affaires là-bas.

3. 括弧の中に適切な指示形容詞を入れなさい.

1) (　) matin　　　　2) (　) ordinateur　　　　3) (　) paquets
4) (　) mouchoir　　　5) (　) ville　　　　　　6) (　) années

4. 次の語句を組み合わせて，各人称を主語とした6つの文をつくりなさい.

Je				
Tu		aller		à, de, en, au,
Il / Elle	+		+	aux, du, des
Nous		venir		
Vous				
Ils / Elles				

Espagne	France	Allemagne
Brésil	Japon	Canada
Chine	États-Unis	Pays-Bas
Maroc	Madrid	Athènes
Montréal	Pékin	

5. 以下の動詞と副詞をつかって命令文をつくりなさい.

1) réfléchir bien　　　　2) aller doucement
3) ne pas trop manger　　4) venir tout de suite

┌─────────────────────┐
│ 不定詞を否定するとき, ne │
│ とpasで動詞を挟むのでは │
│ なくne pas動詞の語順にす │
│ る. Je vais essayer de ne │
│ pas trop manger.　　　 │
└─────────────────────┘

6. 倒置をつかって下線部を尋ねる疑問文をつくりなさい.

1) J'ai rendez-vous <u>demain</u>.　　　　2) Ce sandwich coûte <u>4 euros</u>.
3) Elles habitent <u>en Angleterre</u>.　　4) Éric travaille dur <u>parce qu'il aime son métier</u>.
5) Inès va à l'université <u>en métro</u>.　6) Nous allons visiter <u>quatre</u> villes pendant ce voyage.

Thème

1) あなたのお友達はどうやって来ますか. ──タクシーで来る予定です（近接未来）.
2) どちらからいらしたのですか. ──日本からです. 昨日, 着いたばかりです（近接過去）.
3) マヨネーズをうまく作るためには, 酢, 油, 卵をよく混ぜなさい.

　語彙：1) タクシーで en taxi 2) どちらから d'où 3) マヨネーズ mayonnaise（f）, うまく作る
　　réussir（直接補語をとる）, 酢 vinaigre（m）, 卵 œuf（m）, 混ぜる mélanger

発展

1. 否定のヴァリエーション

neと組み合わされるのはpasだけではない．次のような否定辞もよくつかわれる．

ne ～ rien	何も～ない	ne ～ aucun(e) N	どんな〈名詞〉も～ない
ne ～ personne	誰も～ない	ne ～ que...	…しか～ない
ne ～ plus	もう～ない	ne ～ ni A ni B	AもBも～ない
ne ～ jamais	けっして～ない	ne ～ point	（少しも）～ない

Je n'ai **rien** dans ma poche. ポケットの中に何も持っていません．

Il n'y a **personne** après six heures du soir. 夕方6時以降は誰もいません．

Désolé, il n'y a **plus** de ticket. すみません，もうチケットはありません．

Je **ne** tombe **jamais** amoureux. けっして恋なんてしない．

Je n'ai **aucune** hésitation. まったく躊躇ありません．

Je n'achète **ni** viande, **ni** poisson au supermarché.
スーパーでは肉も魚も買いません．

Le hasard **ne** favorise **que** les esprits préparés.（Louis Pasteur）
幸運は準備ができている者にのみ恵みを与える．

> 重要な前置詞:
> après ～の後,
> avant ～の前.

> ne ～ ni A, ni B
> のとき冠詞をつか
> わないことが多い.

2. 不定代名詞

否定文をつくるrien, personneに加え，quelque chose（何か），quelqu'un（誰か），chacun（それぞれ），tout（すべて）は，指すものが特定されていない不定代名詞としてつかうことができる．形容詞を付けるときにはdeが必要であり，不定代名詞＋de＋形容詞の語順になる．また，一般の名詞でもつかえる「名詞＋à＋不定詞」（～すべき名詞）という構文でつかうことも多い．

Nous n'avons **rien** à ajouter. 私たちでつけ加えるべきことは何もありません．

（*cf.* Nous avons un travail à finir.） （私たちには終えるべき仕事があります）

Je n'ai **rien** de spécial. 何も特別なことはありません．

Personne n'est parfait. 完璧な人なんていない．

J'ai **quelque chose** d'intéressant à raconter. おもしろい話があります．

Notre directeur, c'est **quelqu'un** de sérieux. 部長はまじめな人です．

Cette question regarde **chacun** de nous. その問題は私たちそれぞれにかかわることです．

Tout va bien. すべて順調です．

> 英語の to 不
> 定詞の名詞
> 修飾用法と
> 同じである.

Version

1) Je vais éveiller tous les mystères : mystères religieux ou naturels, mort, naissance, avenir, passé, cosmogonie, néant. （Arthur Rimbaud）

2) Ne soyez pas critiques d'art, faites de la peinture. C'est là le salut. (faites < faire)
（Paul Cézanne）

3) Les hommes politiques ne connaissent la misère que par les statistiques. On ne pleure pas devant les chiffres. (connaissent < connaître) （Abbé Pierre）

4) Être différent n'est ni une bonne ni une mauvaise chose. Cela signifie simplement que vous êtes suffisamment courageux pour être vous-même. （Albert Camus）

限定詞のはたらきについて

不定冠詞，定冠詞，部分冠詞，所有形容詞，指示形容詞など，名詞の前に置かれる文法要素は「○○冠詞」や「○○形容詞」と呼ばれる．別々のものに見えるが，これらは名詞が表す概念を具体化するという点で同じはたらきをし，まとめて限定詞と呼ぶことがある．別の言い方をするならば，名詞は漠然とした概念を表すだけで現実世界にある具体的なものを指すことができない．これらの限定詞によって，名詞が表す概念を具体化し，聞き手にも分かるように示しているのである．

所有形容詞や指示形容詞がどのように名詞が表す概念を具体化しているのかは分かりやすい．mon chat（私の猫）といえば話し手の飼っている猫を指しているのが分かるし，ce chat（この猫）であれば，話の中に出てきた猫や目の前にいる猫なのだと理解することができる．

では，その他の冠詞や，無冠詞の名詞はどのように名詞の表す概念を具体化しているのだろうか．

Il y a chat dans la rue.(il y a ～：～がいる，dans la rue：通りに)

普通，この文は「間違っている」と言われる．限定詞がないため名詞の表す概念を具体化できておらず，「この通りにはchatという語で喚起される概念がある」ということを伝えようとしているからである．結果的に何を言っているのか分からないのである．

Il y a un chat dans la rue.(unは不定冠詞単数．数えられるものにつかう)

これならば，誰の猫か，どの猫かが分からなくても，猫が1匹いるということが分かる．des chats(desは不定冠詞複数)になれば2匹以上いるということも分かる．

Il y a le chat dans la rue.(leは定冠詞．特定できるものにつかう)

定冠詞になると，聞き手にとっても「その猫ね」と理解できる猫がいることになる．もしくは，特定の猫でなくても，「その通りには猫と呼ばれる種の動物がいるんだよ」ということを伝えている可能性もある．しかし，その意味は聞き手も知っている「通り」では考えにくいために，「この文は間違っている」と言われそうである．ただ，ペルー南部あたりで同じ文型をつかってIl y a le manchot de Humboldt dans cette région（dans cette région この地域には，le manchot de Humboldt フンボルトペンギン）というのはまったく問題ない．問われているのは，特定できる個体がいるかどうか，種としての存在を語るにふさわしい状況かどうかということである．

Il y a du chat dans la rue.(duは部分冠詞．数えられないものにつかう)

部分冠詞がつかわれると，事故の後などでもはや1匹の個体ではなくなった猫を想像してしまうかもしれない．もう少し安全な例ならば，du bœufとun bœufの違いは分かりやすいだろう．牧場などに「牛が1頭います」というならun bœufになり，「牛肉を食べます」ならばdu bœufとなる．

名詞が無冠詞でつかわれることもあるが，そのケースは限られている．たとえば，le concept de chat（猫という概念）のように概念そのものが問題になる表現や，「猫科の動物にはchat, lion, léopardなどがいる」のように列挙するときには無冠詞となることがある．

どの限定詞をつかうのかは名詞が自動的に決めてくれるわけではない．名詞が表す概念をどのようなものとして捉えるのかという観点が必要である．

Leçon 4 ❧

DL 33

> L'homme n'est qu'un roseau, **le plus** faible **de** la nature, mais c'est un roseau pensant.
>
> Blaise Pascal, *Pensées*
>
> 人間は自然の中でもっとも弱い，一本の葦に過ぎない，しかしそれは考える葦である．
>
> ブレーズ・パスカル『パンセ』

17世紀の思想家パスカルの有名なことばです．この中で，「もっとも弱い」は le plus（もっとも）+ faible（弱い）と表現されます．英語なら the weakest となるところです．フランス語でも定冠詞をつかう点は英語と同じですが，形容詞の語形変化で比較級や最上級を表すわけではありません．

1. 形容詞の語順　L'ordre des adjectifs DL 34

1) 名詞の前におく形容詞

形容詞は原則として名詞の後におく．ただし，以下の形容詞はふつう，名詞の前におく．

grand 大きい，petit 小さい，bon 良い，mauvais 悪い，vrai 本当の，faux 間違った，jeune 若い，vieux 古い・年とった，ancien 昔の・かつての，nouveau 新しい，premier 最初の，dernier 最後の，long 長い，court 短い，beau きれいな，joli 美しい，gros 太った

C'est un problème **important**.　　重要な問題です．
C'est un **grand** problème.　　　重大な問題です．

> 形容詞によっては位置によって意味が明確に異なるものもある．un homme grand 背の高い人／un grand homme 偉人，la semaine dernière 先週／la dernière semaine 最終週など．

2) 形容詞が名詞の前にあるときの冠詞の変化

形容詞が複数形の名詞の前に置かれるとき，不定冠詞 des は de に変わる．

des camarades → d'anciens camarades かつての同級生 *cf.* **des** camarades sympathiques 感じのよい同級生

2. 名詞・形容詞の複数形，女性形，男性第2形 DL 35

Les formes du pluriel et du féminin, la deuxième forme du masculin des noms et des adjectifs

1) 複数形

複数形は原則として男性単数形に s を付ける．ただし，以下の語尾の場合，次の規則にしたがう．

> ou で終わるときは原則 s を付けるが，x を付ける例外もある．genoux 膝，choux キャベツ，bijoux 宝石など．

s, x, z → 変化なし　　bus, voix, nez
−al → −aux　　　　cheval / chev**aux** 馬，journal / journ**aux** 新聞
　　　　　　　　　　égal / ég**aux** 平等な
−eau [o], −au [o], −eu [ø] → x をつける
　　　　　　　　　　oiseau / oiseau**x** 鳥，tuyau / tuyau**x** 管，
　　　　　　　　　　cheveu / cheveu**x** 髪
特殊な語　　　　　　œil / **yeux** 目

> −al や −eu で終わるときにも s をつけるものがある．festivals, bleus など．

> 発音のみ不規則な名詞：un œuf [œ̃ nœf] 卵→des œufs [de zø], un os [œ̃ nos] 骨→des os [de zo].

2) 女性形

女性形は原則として男性単数形に e を付ける．ただし，以下の語尾の場合，次の規則にしたがう．
−e → 変化なし　　difficile 難しい，facile 簡単な

–er [e] → –ère [ɛːʀ] ： léger / légère 軽い，cher / chère 親愛なる，étranger / étrangère 外国の
–f → –ve ： neuf / neuve 新品の，attentif / attentive 注意深い，vif / vive 生き生きとした
–eux → –euse ： heureux / heureuse 幸せな，sérieux / sérieuse まじめな，
： précieux / précieuse 貴重な，curieux / curieuse 好奇心のある
–eur → –euse ： chanteur / chanteuse 歌手，danseur / danseuse ダンサー，
vendeur / vendeuse 販売員
子音字を重ねる ： bon / bonne 良い，bas / basse 低い，Parisien / Parisienne パリの人
特殊な女性形 ： blanc / blanche 白い，sec / sèche 乾いた，doux / douce 甘い，
long / longue 長い，faux / fausse 間違った，frais / fraîche 新鮮な，
public / publique 公共の
–eur で終わる語には，e を付けるだけのものと –trice になるものもある．
： professeur / professeure 教授，acteur / actrice 俳優

3) 男性第2形

　母音または無音のhではじまる単数の男性名詞の前では，男性第2形と呼ばれる形をとる形容詞がある．複数形は男性・女性ともに同じ性の単数形からつくる．

		男性	男性第2形	女性		男性	女性
単数		nouveau	nouvel	nouvelle	複数	nouveaux	nouvelles
		beau	bel	belle		beaux	belles
		vieux	vieil	vieille		vieux	vieilles

> そのほか，fou, fol, folle 狂った，mou, mol, molle 柔らかい がある．

un **nouveau** message	le **nouvel** an	une **nouvelle** expérience	de **nouveaux** outils
新しいメッセージ	新年	新しい経験	新しいツール
un **beau** temps	un **bel** hommage	une **belle** équipe	les **beaux** yeux
よい天気	美しいオマージュ	すばらしいチーム	きれいな目
un **vieux** modèle	un **vieil** ordinateur	la **vieille** ville	de **vieux** amis
古いモデル	古いパソコン	旧市街	古くからの友人

→ Exercice 1

3. 形容詞の比較級・最上級　Le comparatif et le superlatif des adjectifs　DL 36

1) 比較級

　比較級には優等，同等，劣等があり，それぞれ plus, aussi, moins を形容詞の前におく．比較の対象があるときは que をつかう．

> 英語の more, less をつかうつくり方と同じである．形容詞自体は変化しない．

La soupe de poisson est **plus** épaisse **que** le potage clair.　魚のスープはコンソメよりとろみがある．
Il a un esprit **aussi** large **que** le ciel.　彼の心は空と同じくらい広い．
À Pékin, la vie est beaucoup **moins** chère **qu'**à Genève.
　　　　　　　　　北京では，ジュネーブよりずっと物価が安い．

> 比較を強調するときは beaucoup を plus や moins の前におく．

→ Exercice 2

2) 最上級

　最上級は plus, moins の前に定冠詞や所有形容詞をおいてつくり，比較の範囲を示すときは de をつかう．定冠詞・所有形容詞と形容詞はいずれも名詞の性数に一致させる．

L'Asie est **le plus grand des** sept continents.　　アジアは7大陸の中でもっとも大きい.

Cherchons les vols **les moins** chers.　　いちばん安いフライトを探そう.

Jean-Luc est **mon plus** proche collègue.　　ジャン=リュックはもっとも親しい同僚です.

La Martinique est l'une **des plus** belles îles **du** monde.

　　　　　　　　　　　　　　　　マルティニークは世界でもっとも美しい島の1つです.

Martinique is one of the most beautiful islands of the world.

→Exercice ③

3) 特殊形

形容詞bonの比較級は，優等では meilleur をつかい，同等，劣等は
規則通り aussi bon, moins bon である．最上級は定冠詞＋meilleur,
定冠詞＋moins bon である．

> 他の形容詞と同じように meilleur
> にも女性形・複数形がある.

Les produits bio sont **meilleurs** pour la santé.　　オーガニックの製品はより健康に良い.

Ce vin est **aussi bon que** l'année dernière.　　このワインは去年と同じくらいおいしい.

C'est **ma meilleure** expérience de cet automne.　　この秋のもっともよい経験です.

4. 副詞の比較級・最上級　Le comparatif et le superlatif des adverbes　　DL 37

1) 比較級

形容詞と同様に plus, aussi, moins をつかう．比較の対象を表すときの que も同様である．

La grève va durer **plus** longtemps **que** prévu.　　ストライキは予定より長く続くだろう.

Dans le Midi, le vent souffle **aussi** souvent en été **qu'**en hiver.　南仏では, 冬と同じくらい夏も風が吹く.

À Lausanne, on parle **moins** vite **qu'**à Paris.　　ローザンヌでは, パリよりも話し方がゆっくりだ.

2) 最上級

最上級は定冠詞 le を plus または moins の前におき，比較の範囲を
示すときは de をつかう．性数の一致は起こらない．

> 形容詞は名詞にかかるため, 名詞
> の性数と一致する. 副詞は動詞に
> かかるため, 性数の一致はない.

La panthère marche **le plus** élégamment **de** tous les animaux.　豹は動物の中でもっとも優雅に歩く.

Chantez cette phrase **le moins** fort possible.　　このフレーズはできるだけ小さい声で歌ってください.

3) 特殊形

副詞 bien の比較級は，優等では mieux をつかい，同等，劣等は規則通り aussi bien, moins bien で
ある．最上級は le mieux, le moins bien である．

Vaslav danse **mieux que** tout le monde.　　ヴァーツラフは誰よりも踊りが上手だ.

Frédéric joue du piano **aussi bien que** Franz.　　フレデリックはフランツと同じくらいピアノが上手い.

Selon le guide, on mange **le mieux** dans ce restaurant.

　　　　　　　　　　　　　　　ガイドブックによるとこのレストランが一番おいしい.

副詞 beaucoup の比較級は plus, autant, moins をつかう．最上級は le
plus, le moins となる．

> 名詞の数量について述べると
> きは de を補う. Beaucoup
> de chats, moins de souris.

J'aime cette plage **le plus** entre toutes.　　このビーチがいちばん好きです.

Il y a **autant d'**avis **que** de citoyens.　　市民の数だけ意見がある.

→Exercice ④

5. prendre, faire の直説法現在　L'indicatif présent des verbes *prendre* et *faire*　DL 38

prendre　take　㊲

je **prends**	nous **prenons**
tu **prends**	vous **prenez**
il / elle **prend**	ils / elles **prennent**

faire　do / make　㉑

je **fais**	nous **faisons** [fəzõ]
tu **fais**	vous **faites**
il / elle **fait**	ils / elles **font**

prendre はさまざまな目的語をとることができる.

　prendre le train 電車に乗る，prendre le dîner 夕食を食べる，prendre le médicament 薬を飲む，prendre un congé 休暇をとる.

> 派生語の comprendre 理解する，apprendre 学ぶ，reprendre 再開する なども同じ活用形である.

faire は主語に指示代名詞 ça(6課)や非人称主語 il(8課)をつかった慣用表現も多い.

Tu **fais** du football ?	サッカーしているの？
Nous **faisons** un gâteau.	ケーキを作ります.
Ça **fait** 15 euros.	15ユーロになります
Ça **fait** mal !	痛い！
Ça **fait** longtemps.	久しぶりですね
Il **fait** beau.	いい天気だ.

> 数詞 11〜20 : onze, douze, treize, quatorze, quinze, seize, dix-sept, dix-huit, dix-neuf, vingt

Exercices

1. 名詞と形容詞の語順および性数一致に注意しながら文を6つつくりなさい.

　例1) C'est un bon roman .　　例2) J'aime la recette originale.

C'est / Ce sont ＋ un, une, des, de ＋

prix	roman	appartement
recette	chance	histoire

beau	nouveau	précieux	
original	intéressant	exceptionnel	
vieux	faux	vrai	long
dernier	bon	mauvais	

2. 例にならって比較級の文をつくりなさい.

　例) Jean est grand. [+, Paul] →　Jean est plus grand que Paul.

1) Son explication est claire. [+, le manuel]
2) L'automne est agréable. [=, le printemps]
3) L'énergie renouvelable est bonne pour l'environnement. [+]
4) Le lundi est fatigant. [−, les autres jours]
5) Marcel est gai. [−, son frère]
6) Cette expression est exacte. [+]

3. 最上級の文をつくりなさい.

1) Valentin est timide. [+ +, la classe]
2) Ce jambon est vraiment bon. [+ +, cette boutique]
3) L'avion est le moyen de transport dangereux. [− −]
4) Tiens ! Voici les aspirateurs efficaces ! [+ +]
5) Ce musée conserve la collection complète. [+ +]
6) Ce sont les endroits peuplés. [− −, la ville]

4. 日本語の文に合うように副詞を適当な比較級・最上級にしなさい.

1) Je cuisine (souvent) qu'autrefois. 　私は以前よりもよく料理をする.

2) Je travaille avec Pierre depuis (longtemps) que toi.

　君と同じくらい長くピエールと仕事をしている.

3) Mon chat va au lit (tôt) de la famille. 　うちの猫は家族の中でもっとも早く寝る.

4) Ça va (bien) que tout à l'heure ? 　さきほどより, 調子はよくなりましたか.

5) En bus, on va souvent (vite) qu'à pied. 　バスだと, 徒歩より時間がかかることがしばしばある.

6) Elle travaille (beaucoup) dans le village. 　彼女は村一番の働き者だ.

7) Il y a (beaucoup) de succès que d'échecs. 　失敗の数だけ成功がある.

8) Comme ça, on utilise (beaucoup) de papier. 　こうすれば, 紙の使用量が少なくてすむ.

Thème

1) 私はもっと温かいジャケットを探しています.

2) ソフィーは私より若いけれど, 私と同じぐらい経験があります.

3) 私は17時頃, あなたのオフィスに行きます. ——もっと早く来てください.

　　語彙：1) ジャケット veste (f)　3) 〜頃 vers 〜, オフィス bureau (m)

発展

1. その他の特殊な比較級・最上級 pire, moindre

petit には plus petit という規則的な比較級だけではなく，moindre という特殊な形がある．plus petit は客観的に測れる大きさ，moindre は「些細な」のような主観的な意味を表す．

Cannes est une **plus petite** ville que Nice.	カンヌはニースより小さな街だ．
C'est un événement de **moindre importance**.	たいしたことのない出来事だ．
C'est **la moindre** des choses.	何でもないことです．

同様に，mauvais も pire という特殊な比較級をもつ．pire は plus mauvais と入れ替え可能なこともあるが，苦痛や不運のような主観的な意味を表すときには pire がつかわれる．

C'est la {**plus mauvaise** / **pire**} note de la classe.	クラスで一番悪い点ですよ．
Il va passer les {**pires** / ×plus mauvaises} vacances de sa vie.	
	彼は人生でもっともひどい休暇を経験するだろう．

2. 所有代名詞

「〜のもの」という，所有の意味を含んだ代名詞であり，常に定冠詞と一緒につかわれる．

所有物 / 所有者		単数		複数	
		男性	女性	男性	女性
単数	1人称	le mien	la mienne	les miens	les miennes
	2人称	le tien	la tienne	les tiens	les tiennes
	3人称	le sien	la sienne	les siens	les siennes
複数	1人称	le nôtre	la nôtre	les nôtres	
	2人称	le vôtre	la vôtre	les vôtres	
	3人称	le leur	la leur	les leurs	

Son anglais est meilleur que **le mien**.	彼の英語は私よりうまい．
C'est ton opinion, ce n'est pas du tout **la mienne**.	それは君の意見でしょ，私のとは全然違う．
Ces valises, ce sont **les vôtres** ? —Oui, ce sont **les nôtres**, merci.	
	このスーツケースはあなた方のものですか．—はい，私たちのものです．ありがとうございます．
Normalement, mon ordinateur est aussi rapide que **le sien**, mais pas aujourd'hui.	
	いつもは，私のパソコンは彼のと同じくらい速いけど，今日はそうじゃない．
Mes souvenirs sont plus flous que **les tiens**.	私の記憶は君ほどはっきりしていない．

Version DL 39

1) L'amour est plus fort que toutes les raisons. 　　　　　　　　（Madame de Sévigné）

2) Les choses les plus visibles sont souvent les plus difficiles à saisir.

（Abdourahman A. Waberi）

3) La musique est l'art le plus important parce qu'elle est insaisissable. 　（Michel Legrand）

4) Il n'y a rien de plus triste qu'une vie sans hasard. 　　　　　（Honoré de Balzac）

Leçon 5 ✎⁓

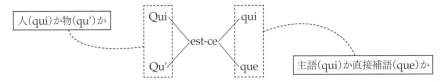

Qu'est-ce que la négritude ? **Quel** est son contenu réel ? C'est l'ensemble des valeurs de civilisation du monde noir, telles qu'elles s'expriment dans la vie et les œuvres des Noirs.   Léopold Sédar Senghor, *Qu'est-ce que la négritude ?*

ネグリチュードとは何か？　その現実的な中身はどのようなものか？　それは黒人の生活や，黒人が作り出してきたもののなかに表現されている，黒人世界の文明が持つあらゆる価値の総体である.   レオポール・セダール・サンゴール『ネグリチュードとは何か』

セネガルの初代大統領であり，フランコフォニー運動を推進した一人であるサンゴールの言葉．疑問代名詞Qu'est-ce que，疑問形容詞Quelがつかわれていますが，英語ではどちらもWhatで表現されます．疑問代名詞と同じ語が関係代名詞としてもつかわれるところは英語と似ていますが，違うところもあります．

1. 疑問代名詞　Les pronoms interrogatifs

1) 人と物，文の中でのはたらき

人（qui）と物（que），主語（qui）と直接補語（que）で4つの組み合わせがある．その組み合わせの原則は次の図の通りである.

```
人(qui)か物(qu')か ┄┄┄  Qui ＼    ／ qui ┄┄┄
                              est-ce         ┐
                     Qu' ／    ＼ que ┄┄ 主語(qui)か直接補語(que)か
```

est-ceをつかわないとき，人ならばqui，物ならばqueだけでも疑問文をつくることができる．物が主語であるときは必ずqu'est-ce quiをつかう.

	主語		直接補語・属詞		間接補語・状況補語
人	Qui Qui est-ce qui	誰が	Qui Qui est-ce que	誰を	前置詞＋qui
物	Qu'est-ce qui	何が	Que (Quoi) Qu'est-ce que	何を	前置詞＋quoi

Qui est-ce que は属詞にはつかえない.

間接補語や状況補語など，前置詞によって導入される人や物については前置詞と疑問詞を組み合わせる．このとき，est-ceをつかうのではなく，倒置が好まれる.

2) 人についてたずねる

Qui cherche Sylvain ? / **Qui est-ce qui** cherche Sylvain ?   誰がシルヴァンを探しているのですか.

Qui cherches-tu ? / **Qui est-ce que** tu cherches ?   誰を探しているの.

Qui est-ce ? / C'est **qui** ?   誰ですか.

De qui parlez-vous ? / **De qui** est-ce que vous parlez ? / Vous parlez **de qui** ?

誰のことを話しているのですか.

À qui penses-tu ? / **À qui** est-ce que tu penses ? / Tu penses **à qui** ?   誰のことを考えているの.

3) 人以外についてたずねる

Qu'est-ce qui fait ce bruit ?　　この音は何？
Que cherches-tu ? / **Qu'est-ce que** tu cherches ? /
Tu cherches **quoi** ?　　君は何を探しているのですか.
Qu'est-ce ? / **Qu'est-ce que** c'est ? / C'est **quoi** ?
　　　　　　　　　　　これは何ですか.

> que は文末ではつかえないため, くだけたスタイルでは Tu cherches quoi ? のように que の強勢形の quoi をつかう. また, 前置詞の後でも quoi を用いて à quoi, de quoi となる.

De quoi parlez-vous ? / **De quoi** est-ce que vous parlez ? / Vous parlez **de quoi** ?
　　　　　　　　　　　　　　　何のことを話しているのですか.

À quoi penses-tu ? / **À quoi** est-ce que tu penses ? / Tu penses **à quoi** ?　　何のことを考えているの.

➡ Exercice 1

2. 疑問形容詞　Les adjectifs interrogatifs　　DL 42

疑問形容詞 quel には, 単独で用いて「どれ」かをたずねる用法と, 名詞の前において「どんな〜」かをたずねる用法がある.

男性単数	女性単数	男性複数	女性複数
quel[kɛl]	**quelle**[kɛl]	**quels**[kɛl]	**quelles**[kɛl]

1)「どんな〜」かをたずねる用法

名詞が表すものの種類をたずねるときは名詞の前におく. 名詞との性数の一致が必要である.

> 数詞21〜69:21 vingt et un, 22 vingt-deux... 30 trente, 31 trente et un... 40 quarante ... 50 cinquante... 60 soixante ... 69 soixante-neuf

Quel genre de film aimez-vous ?
　　　　　　　　どんな種類の映画がお好きですか.
— J'aime les films policiers.　　—ミステリー映画が好きです.
Quelle heure est-il ? — Il est 19 heures 35.　何時ですか. —19時35分です.

2)「どれ」かをたずねる用法

主語が名詞のとき, 属詞をたずねるときには疑問形容詞 quel をつかう. 主語に応じた性数一致が必要である.

Quel est l'endroit idéal pour le pique-nique ? — Pour moi, c'est le parc Montsouris.
　　　　　　　　　ピクニックに理想的な場所はどこですか. —僕としては, モンスリ公園ですね.
Quelle est votre couleur préférée ? — C'est le bleu.　どの色がお好きですか. —青が好きです.
Quels sont les pays du Maghreb ?　　　　　マグレブの国とはどこですか.
— Ce sont les pays d'Afrique du Nord-Ouest comme le Maroc, l'Algérie et la Tunisie.
　　　　　　　　　　—モロッコ, アルジェリア, チュニジアといった北西アフリカの国々です.

➡ Exercice 2

3. 関係詞 qui, que, où　Les pronoms et adverbes relatifs : *qui, que, où*　　DL 43

関係詞は文をつかって名詞を説明するときに用いる. 関係節の中でのはたらきに応じて qui, que, où をつかい分ける. 人と物の区別はしない.

1) qui

関係代名詞 qui は関係節の中で主語のはたらきをする.

J'ai le nez **qui** coule.　　　　　　鼻水が出ます.
Qui est l'acteur **qui** joue dans cette publicité ?　この広告に出ている俳優は誰ですか.

35

2）que

関係代名詞queは関係節の中で直接補語のはたらきをする.

Le numéro **que** vous demandez n'est pas actuellement disponible.

おかけになった番号は現在つかわれておりません.

Vous êtes la personne **que** nous cherchons !　あなたこそ私たちが求めている人です.

3）où

関係副詞oùは場所または時間を表す名詞を先行詞とする.

C'est le stade **où** la Coupe du monde de football a lieu.

これがサッカーワールドカップの行われるスタジアムです.

Août est le mois **où** il y a le moins de Parisiens à Paris.

8月はパリから地元の人がいちばんいなくなる月です.

→ Exercice 3

4. partir, savoir の直説法現在　L'indicatif présent des verbes *partir* et *savoir*　DL 44

partir の語尾は–irだが規則動詞第2グループとは活用が異なる. sortir（出る）, dormir（眠る）, sentir（感じる）なども同じ活用をする.

partir ㉚		savoir ㊷	
je **pars**	nous **partons**	je **sais**	nous **savons**
tu **pars**	vous **partez**	tu **sais**	vous **savez**
il / elle **part**	ils / elles **partent**	il / elle **sait**	ils / elles **savent**

Exercices

1. 次の文の下線部を尋ねる疑問文をつくりなさい.

1）Emmanuelle aime la cuisine japonaise.
2）C'est moi.
3）Je vais sortir avec des copains.
4）Nous cherchons l'entrée de l'immeuble.
5）Tu appelles le plombier.
6）J'aime manger le steak avec de la moutarde.

2. 括弧内に適切な疑問形容詞を入れなさい.

1）（　　）est votre nationalité ?
2）（　　）sont vos coordonnées ?
3）Tu as（　　）âge ?
4）Vous parlez（　　）langues ?
5）（　　）est votre nom ?
6）（　　）sont les plats du jour ?

3. 関係詞を用いて次の2つの文を1文にしなさい.

例）Je surveille Marc. Il joue dans le parc. → Je surveille Marc qui joue dans le parc.
1）Le pull est en pur coton. Vous regardez ce pull.
2）Le tour de France est une course cycliste. Elle a lieu tous les ans.
3）Jacques Tati est un cinéaste. Beaucoup de Français adorent ce cinéaste.
4）Nous sommes dans une étrange époque. Dans cette époque, rien n'est sûr.
5）Les personnes bénéficient de réductions sur le TGV. Elles sont avec des enfants.

1) あなた方のお仕事は何ですか？──私はピアニストで，妻は歌手です．

2) 列車は何時に着きますか？──あと3分で着きますよ（近接未来）．

3) この本屋で買う本（複数）はいつも勉強の役に立つ．

語彙：1）職業を尋ねるときは「人生・生活において何をしていますか」と聞く，ピアニスト pianiste，妻 femme（f）　2）〜時に à 〜 heure(s)，〜分で dans 〜 minute(s)　3）本屋 librairie（f），〜の役に立つ utile pour 〜，勉強 étude（f. ここでは複数形でつかう）

発展

1. 疑問代名詞 lequel

何人かのうちの誰か，いくつかのうちのどれかを尋ねるためにつかい，尋ねるものの性数に合わせた形をつかう．前置詞の補語を尋ねることもできるが，à や de の場合は縮約が必要となる．

	男性単数	男性複数	女性単数	女性複数
主語，直接補語	lequel	lesquels	laquelle	lesquelles
à との縮約	auquel	auxquels	à laquelle	auxquelles
de との縮約	duquel	desquels	de laquelle	desquelles

De ces deux méthodes, **laquelle** est meilleure ?　この2つのメソッドのうちどちらが優れていますか．

Parmi ces hôtels, tu préfères **lequel** ?　ここにあるホテルのうち，君はどこがよいですか．

Auquel de tes parents ressembles-tu le plus ?　君は両親のどちらに似てるの．

2. 感嘆文

疑問代名詞，疑問形容詞は感嘆文にもつかわれる．

名詞が対象：quel（＋形容詞）＋名詞

Quel moyen pratique !　なんて便利な方法なんでしょう！

Quelle chance vous avez !　あなたはなんて運がよいのでしょう！

文全体が対象：que, comme

Que je suis malheureux ! / **Qu'est-ce que** je suis malheureux !

> 話し言葉では ce que や qu'est-ce que がよくつかわれる．

なんて運が悪いんだ！

Comme il est mignon, votre bébé !　なんてかわいい赤ちゃんでしょう！

1) Comme la vie est lente. Et comme l'Espérance est violente.　（Guillaume Apollinaire）

2) La musique commence là où les mots finissent.　（Claude Debussy）

3) Comment rendre intéressant le drame à trois ou quatre mille personnages que présente une Société ?　（Honoré de Balzac）

4) Qu'est-ce que le génie si ce n'est pas une plus grande ouverture de cœur ?　（Victor Hugo）

Leçon 6 ❧

DL 46

Aujourd'hui, maman **est morte**. Ou peut-être hier, je ne sais pas. J'**ai reçu** un télégramme de l'asile : « Mère décédée. Enterrement demain. Sentiments distingués. »

Albert Camus, L'Étranger

きょう，母さんが死んだ．もしかしたら昨日のことかもしれないが，わからない．養老院から電報を受けとった．「ハハウエシス．マイソウアス．ゴメイフクイノル」

アルベール・カミュ『異邦人』

20世紀を代表する作家カミュの代表作『異邦人』では，冒頭で母の死が語られます．「母の死」「電報の受けとり」はそれぞれ過去の出来事で，est morte（死んだ），ai reçu（受けとった）のように，êtreやavoirの現在形と過去分詞による複合過去形で表現されています．

1. 過去分詞　Le participe passé

DL 47

過去分詞は完了や受け身の意味を表す．形容詞に近い性質をもち，性数の変化がある．

- 規則動詞第1グループとaller.　　–er → –é : **aimé**（aimer），**trouvé**（trouver），**allé**（aller）
- 規則動詞第2グループとpartir型.　–ir → –i : **fini**（finir），**choisi**（choisir），**parti**（partir）
- これら以外はすべて不規則である.　**eu**（avoir），**été**（être），**fait**（faire），**pris**（prendre），**venu**（venir）

2. 直説法複合過去　Le passé composé

DL 48

avoirまたはêtreの直説法現在と過去分詞を組み合わせてつくる．avoirとêtreのどちらをつかうかは動詞によって決まっている．

> このavoirとêtreを助動詞という．助動詞と過去分詞でつくる時制は複合時制と呼ばれる．文法コラム「叙法と時制の見取り図」参照．

faire	
j'**ai fait**	nous **avons fait**
tu **as fait**	vous **avez fait**
il / elle **a fait**	ils / elles **ont fait**

sortir ㉚	
je **suis sorti(e)**	nous **sommes sorti(e)s**
tu **es sorti(e)**	vous **êtes sorti(e)(s)**
il **est sorti**	ils **sont sortis**
elle **est sortie**	elles **sont sorties**

複合過去には大きく2つの意味がある．

- 出来事の開始から終了までをひとまとまりとして捉え，完了したものとして表現する（過去）.
- 過去に始まった状態が現在まで継続していることを表す（現在完了）.

1) avoirを助動詞にとる複合過去

J'**ai fait** des courses cet après-midi.　　今日の午後，買い物をしました．I went shopping this afternoon.

Vous **avez aimé** notre service ?　　サービスはいかがでしたか．Did you like our service ?

Nous **avons** déjà **été** à Rennes.　　レンヌには行ったことがある．We have been to Rennes.

François Ier **a régné** pendant 32 ans.　　フランソワ1世は32年にわたって君臨した．

Les expositions universelles **ont eu** lieu huit fois à Paris.

万国博覧会はパリで8回開催された.

> 複合過去は長期間にわたる出来事をひとまとまりにして表現することもある.

2) être を助動詞にとる複合過去

移動や状態変化を表す一部の動詞に限られる. 過去分詞は主語の性数に一致する.

> aller, venir, partir, arriver, passer, monter 上る, descendre（descendu）下りる, tomber 落ちる, entrer 入る, sortir, rester とどまる, demeurer ～のままでいる, naître（né）生まれる㉘, mourir（mort）死ぬ㉗, devenir（devenu）～になる

> 代名動詞のときも常に être を助動詞にとる(8課).

> 意味に応じて être と avoir をつかい分ける動詞もある. Ils ont passé de bonnes vacances (彼らはよいバカンスを過ごした), Ils sont passés devant la banque (彼らは銀行の前を通り過ぎた).

Le bus **est parti** il y a dix minutes.　バスは10分前に出発しました.
Notre frigo **est tombé** en panne dimanche dernier.　うちの冷蔵庫は前の日曜日に故障しました.
Les problèmes climatiques **sont devenus** une urgence.　気候の問題は緊急の課題になっている.
Marguerite Duras **est née** près de Saïgon et elle **est morte** à Paris.

マルグリット・デュラスはサイゴン近郊で生まれ, パリで死んだ.

➡ Exercice 1

3) 複合過去の否定文と疑問文

否定文をつくるときは助動詞を ne と否定辞(pas など)ではさむ.

Hier, nous **ne** sommes **pas** allés au collège.

昨日は学校に行かなかった.

Amélie **n'a jamais** fait de patinage.　アメリはスケートをしたことがない.
Je **n'ai pas** encore fini mes devoirs.　まだ宿題を終えていない.

> 過去分詞ではなく, 助動詞を ne と否定辞ではさむことに注意. ne と否定辞ではさむのは, 主語の人称に合わせて活用した動詞や助動詞である.

疑問文のつくり方は現在形と同じである. ただし, 倒置するときは主語と助動詞を倒置する.

> déjà や encore のような副詞は過去分詞の前におく.

Est-il rentré de la piscine ?　彼はプールから帰ってきましたか.
Avez-vous choisi ?　（ご注文は）お決まりですか.

➡ Exercice 2

3. 指示代名詞　Les pronoms démonstratifs

DL 49

1) 性数変化のないもの

ça, cela, ceci は目の前の事物や話題になっているものを直接的に指す.

> 原則として ceci は近いもの, cela は遠いものを指す. ça は会話でよくつかわれる.

Ne fais pas **ça**.　そんなことしてはいけない.
Je préfère **ceci** à **cela**.　あれよりはこっちの方が好みです.

> C'est+形容詞は人についてはつかえない. 人については人称代名詞をつかう. C'est génial (それはすごい), Il est génial (あの人はすごい).

ce は être の主語としてのみ用いられる.

C'est la vie.　仕方ない.

ce は関係代名詞の先行詞になることができ, 人ではないものを指す.

Ce qui est grand est toujours beau.（Napoléon Bonaparte）　What is great is always beautiful.

偉大なものは常に美しい.

C'est **ce que** j'ai fait.　That's what I've done.　それはやりました.

2) 性数変化のあるもの

すでにつかわれた名詞の代わりをするため性数の区別がある．ce と人称代名詞の強勢形からなり，必ず de + 名詞や関係節をともなう．

男性単数	女性単数	男性複数	女性複数
celui	**celle**	**ceux**	**celles**

Ce parfum… C'est **celui** de chez Chanel ?　　　この香水…シャネルのですか．

Ce n'est pas seulement mon histoire, mais **celle** de ma famille.
　　　　　　　　　　　　　　　　それは私だけの物語ではなく，家族の物語です．

Parmi ces assiettes, vous pouvez choisir **celles** que vous préférez.
　　　　　　　　　　　　　　　　これらの料理の中からお好きなものをお選びいただけます．

前出の名詞の代わりをせず，関係代名詞の先行詞になっているときは必ず人を指す．

Le « boulanger » est **celui** qui fait du pain.　　　boulanger はパンを作る人のことです．

遠近を問題にするとき，近いものには -ci，遠いものには -là をつけることができる．

Vous prenez les deux verres ?　　　コップ 2 つとも買われますか．
— Non, je prends **celui-ci**, mais pas **celui-là**.　　　—いえ，こちらは買いますがあちらは買いません．

→ Exercice ③

4. pouvoir, vouloir, devoir の直説法現在

DL 50

L'indicatif présent des verbes *pouvoir, vouloir* et *devoir*

pouvoir は英語の can, devoir は must に相当し，動詞の不定形とともにつかう．vouloir は want (to) に相当し，動詞の不定形または名詞とともにつかう．

pouvoir (pu)* ㉟		**vouloir** (voulu) ㊿		**devoir** (dû) ⑯	
je **peux**	nous **pouvons**	je **veux**	nous **voulons**	je **dois**	nous **devons**
tu **peux**	vous **pouvez**	tu **veux**	vous **voulez**	tu **dois**	vous **devez**
il / elle **peut**	ils / elles **peuvent**	il / elle **veut**	ils / elles **veulent**	il / elle **doit**	ils / elles **doivent**

* この課より過去分詞も併記する．

Exercices

1. 日本語に合うように次の文を複合過去形にしなさい．

1) Elles (naître) le même jour.　彼女たちは同じ日に生まれた．

2) Il (tomber) dans le piège.　彼は罠に陥った．

3) Elle (tourner) à gauche.　彼女は左に曲がった．

4) L'heure (venir) pour un changement.　変化のときが来た．

5) La pluie (empêcher) le début du match.　雨のせいで試合の開始が遅れた．

6) Georges (acheter) un journal et il (prendre) l'autobus.　ジョルジュは新聞を買ってバスに乗った．

2. 次の疑問文に指定された方法で答えなさい．

1) Vous avez fini ? (Oui と Non の両方で答える)

2) Ton frère a déjà trouvé un logement ? (Non で答え，encore をつかう)

3) Tu es monté à la tour Eiffel par les escaliers ? (Non で答え，jamais をつかう)

3. ce, celui, celle, ceux, celles のいずれか適当なものを入れなさい.

1) Ce gâteau est très bien fait, comme（　　）de la pâtisserie.
2) La voiture de Pierre est dans la rue,（　　）de Paul est dans le garage.
3) Les gens qui dorment bien sont（　　）qui sont en forme le lendemain.
4) De tous mes amis,（　　）qui travaille le plus, c'est Léo.
5) Fais（　　）que tu aimes, aime（　　）que tu fais.

Thème

1) よく眠れましたか. ——ええ、部屋は静かで快適です.
2) ピエールの電話番号は知っていますか. いいえ, でも彼の友達のなら知っています.
3) 君は自分の健康のことを考えなければならない. 去年も病気になったでしょ.

　　語彙：2) 連絡先などを知っている avoir　3) 〜のことを考える penser à 〜, 去年 l'année dernière, 病気になる tomber malade

---

発展

1. 不規則な過去分詞

不規則な過去分詞の語尾は4種類ある.

–u	vu (voir), bu (boire), lu (lire)	–t	dit (dire), écrit (écrire)
–s	mis (mettre), pris (prendre)	–i	suivi (suivre)

2. 複合過去をつかった倒置疑問文の補足

Pablo a dansé toute la nuit. → Pablo a-t-il dansé toute la nuit ?　　パブロは一晩中踊ってたの？

Dora est restée chez elle toute la journée. → Dora est-elle restée chez elle toute la journée ?

ドラは一日中，家にいたの？

複合過去で倒置の否定疑問文をつくるとき，ne は助動詞と一緒に移動する（単純倒置の場合も同様）.

Pablo n'a-t-il pas dansé toute la nuit ?

Dora n'est-elle pas restée chez elle toute la journée ?

Version　　DL 51

1) La chair est triste, hélas ! et j'ai lu tous les livres.　　　　　　　（Stéphane Mallarmé）
2) L'écrivain original n'est pas celui qui n'imite personne, mais celui que personne ne peut imiter.　　　　　　（François-René de Chateaubriand）
3) Le patriotisme, c'est aimer son pays. Le nationalisme, c'est détester celui des autres.

（Charles de Gaulle）
4) La bêtise n'est pas mon fort. Il y a vingt ans que je n'ai plus de livres. J'ai brûlé mes papiers aussi. Que la solitude est confortable !　　　　　　（Paul Valéry）
5) Les femmes n'ont gagné que ce que les hommes ont voulu leur concéder ; elles n'ont rien pris : elles ont reçu.　　　　　　（Simone de Beauvoir）

Leçon 7

Sganarelle : De quoi est-il question ?

Dom Juan : Il est question de **te** dire, qu'une beauté **me** tient au cœur, et qu'entraîné par ses appas, je **l**'ai suivie jusques dans cette ville.　　Molière, *Dom Juan*

スガナレル：何のお話でしたかな？

ドン・ジュアン：話というのは，俺がある別嬪に惚れ込んで，その美しさに引きずられ，あとをつけてこの町までやって来た，というところまでだ．モリエール『ドン・ジュアン』（鈴木力衛訳）

モリエールは17世紀のフランスを代表する喜劇作家．『ドン・ジュアン』に現れるこの台詞の中で，te, me, l' がつかわれている部分は，それぞれte dire「君に言う」，me tenir「私をとらえる」，l'avoir suivie「彼女のあとをつけた」という意味です．つまり，これらは人称代名詞です．SVO語順が基本のフランス語ですが，目的語が代名詞のときは動詞の前に置かれ，人称・数ごとに形が異なります．

1. 補語人称代名詞　Les pronoms personnels objets　DL 53

人称代名詞には主語だけでなく，直接補語，間接補語の形もある．これらは動詞の前においてつかう．

> 直接補語と間接補語の区別については文法コラム「基本文型」参照．

1) 直接補語

主語	je	tu	il	elle	nous	vous	ils	elles
直接補語	**me** me	**te** you	**le** him/it	**la** her/it	**nous** us	**vous** you	**les** them	

Je ne comprends pas du tout son explication. Tu **la** comprends ?
　彼の説明がまったく分からないよ．君は分かる？

Il a des rapports à écrire. Il va **les** écrire la semaine prochaine.
　彼はいくつもレポートを書かなければならない．来週書くだろう．

Tu **m**'entends ? — Non, je ne **t**'entends pas bien.
　聞こえる？　—ううん，よく聞こえない．

> pouvoirやdevoir，近接時制がつかわれるとき，代名詞は不定詞の前におく．ここでrapportsはécrireの目的語であって，allerの目的語ではないからである．

> entendre (entendu) ㊴ : j'entends, tu entends, il entend, nous entendons, vous entendez, ils entendent.

→ Exercice **1**

2) 間接補語

主語	je	tu	il	elle	nous	vous	ils	elles
間接補語	**me** (to)me	**te** (to)you	**lui** (to)him	 (to)her	**nous** (to)us	**vous** (to)you	**leur** (to)them	

Tu téléphones souvent à tes parents?　　よく実家に電話するの？
　— Oui, je **leur** téléphone de temps en temps.　　—うん，ときどき電話するよ．
Maxime **me** donne parfois des conseils utiles.　マキシムはときどき役に立つアドバイスをしてくれる．

→ Exercice **2,3**

42

3) 直接補語と間接補語の語順

直接補語が3人称のときのみ，間接補語代名詞を以下の語順で同時につかうことができる．

| me
te
nous
vous | le
la
les | lui
leur |

> 1人称・2人称の直接補語（me, te, nous, vous）と3人称の間接補語（lui, leur）の組み合わせはない．詳細は「発展」参照．

Est-ce que vous me conseillez la visite ? — Oui, je **vous la** conseille.
　その訪問はお勧めですか．—はい，お勧めです．

Est-ce que tu racontes cette histoire à tes élèves ? — Oui, je **la leur** raconte.
　この話を生徒にするの？　—うん，するよ．

4) 複合過去での性数一致

複合過去のとき，直接補語代名詞と過去分詞を性数一致させる．

Ça a l'air bon, ces pommes ! — Oui, je *les* ai acheté**es** tout à l'heure.
　りんご，おいしそうだね．—うん，さっき買ったんだ．

Sophie a travaillé comme bénévole dans une association artistique. Cette expérience *l'*a amené**e** à décider de sa future carrière.
　ソフィーは芸術関係の団体でボランティアをして，その経験から将来進む道を決めた．

> 複合時制の助動詞êtreとavoirは過去分詞と一体となっているため，補語代名詞が間に入ることはない．pouvoirやdevoir，近接時制とは異なる．

直接補語の役割をもつ関係代名詞（que）のときにも性数一致が起こる．

Je viens de commander une tasse que j'ai trouvé**e** sur Internet.
(*cf.* J'ai trouvé une tasse.)
　ネットで見つけたカップを注文したところだ．

> つまり，過去分詞より先に直接補語が置かれているときに一致が必要になる．

Il va corriger **les fautes d'orthographe que** son ami français lui a signalé**es**.
(*cf.* Un ami français m'a signalé des fautes d'orthographe.)
　彼はフランス人の友人が指摘してくれたつづりの間違いを直すつもりだ．

→ Exercice 4

2. 受動態　Le passif

DL 54

êtreと過去分詞でつくり，過去分詞は主語と性数一致する．動作主は，出来事の行為性が高いときにはpar，状態性が高いときにはdeで表す．

La décision **est prise par** le Premier ministre.（Le Premier ministre prend la décision.）　決定は首相によりなされる．

Ce monsieur **est respecté de** tout le monde.（Tout le monde respecte ce monsieur.）　この男性は，皆から尊敬されている．

Les salles de cours **sont climatisées**.　教室は空調が効いている．

> 受動態にできるのは他動詞のみである．複合過去でêtreを助動詞にとる動詞はすべて自動詞であるため，混同されることはない．

不定代名詞onは受動態と一緒にはつかえない．

Le français **est parlé** au Québec.（On parle le français au Québec.）
　ケベックではフランス語が話されている．

> 受動態をつかうとき，「動作の対象を中心的に表現する」「動作主がはっきりしない」「前後の文と主語をそろえるため」といった動機があることが多い．

→ Exercice 5

3. 使役　Le factitif

faire と不定詞を組み合わせた使役動詞をつかってつくる．自動詞文 (SV) は他動詞文 (SVO) に変換され，O が不定詞の意味上の主語を表す．

　　自動詞文：Jean court.　ジャンが走る．

　　　　　　→ L'entraîneur **fait courir** Jean.
　　　　　　　　監督がジャンを走らせる．
　　　　　　（*cf.* L'entraîneur le fait courir.）

> courir (couru) ⑬ : je cours, tu cours, il/elle court, nous courons, vous courez, ils/elles courent.

他動詞文は二重目的語構文 (SVO à O) となり，間接補語 à O が不定詞の意味上の主語を表す．

　　他動詞文：Mon fils prendre son bain.　息子が風呂に入る．

　　　　　　→ Je **fais** prendre son bain à mon fils　息子を風呂に入らせる．
　　　　　　（*cf.* Je **lui** fais prendre son bain.）

faire をつかった使役は強制的な意味をもつ．「させておく」「するにまかせる」という放任の意味では laisser をつかう．

　　Ma fille ne me **laisse** pas **partir**.　　　娘が出させてくれない．
　　Dans ce musée des beaux-arts, on nous laisse toucher les sculptures avec des gants.
　　　　　　　　　　　この美術館では，手袋をつければ彫刻に触れられる．

→ Exercice 6

4. connaître, voir の直説法現在　L'indicatif présent des verbes *connaître* et *voir*

connaître (connu) ⑫

je **connais**	nous **connaissons**
tu **connais**	vous **connaissez**
il / elle **connaît**	ils / elles **connaissent**

voir (vu) ㊾

je **vois**	nous **voyons**
tu **vois**	vous **voyez**
il / elle **voit**	ils / elles **voient**

Exercices

1. 次の疑問文に指定された形で答えなさい．

　1）Allô ? Vous m'entendez bien ?［肯定］
　2）Il achète ces assiettes ?［否定］
　3）Vous prenez votre petit-déjeuner chez vous ?［肯定］
　4）Tu connais son cousin ?［否定］
　5）Tu n'écoutes pas la radio ?［肯定］

2. 次の疑問文に指定された形で答えなさい．

　1）Vous expliquez aux clients ?［肯定］
　2）Je peux te téléphoner ?［肯定］
　3）Tu fais signe à tes amies ?［否定］
　4）Il parle à son père ?［否定］
　5）Tu fais confiance aux enfants ?［肯定］

3. 次の空欄に適切な補語人称代名詞を入れなさい.

1) Tu charges la batterie tous les jours ? — Non, je (　　) charge tous les deux jours.
2) Nous n'avons pas pu répondre quand elle (　　) a demandé pourquoi.
3) Aujourd'hui, ma sœur passe son examen. Je vais (　　) envoyer un message.
4) Je pose ces livres où ? — Tu peux (　　) poser sur le bureau. Je (　　) remercie !
5) Au moment de votre arrivée, il (　　) recommande des endroits à ne pas manquer.
6) Pour partager les photos avec tes amis, tu (　　　) envoies l'invitation sur l'application.
7) La fille de ma sœur vient me voir. Je vais (　　　) emmener au zoo.

> répondre（répondu）㊴ : je réponds, tu réponds, il/elle répond, nous répondons, vous répondez, ils/elles répondent.

4. 次の空欄に適切な補語人称代名詞を入れなさい. また, 性数一致に注意して括弧内の動詞を過去分詞にしなさい.

1) Tu as vu Léo ? — Oui, je (　　) ai ＿＿＿＿＿＿ [voir] et je (　　) ai ＿＿＿＿＿ [parler].
2) Ces galettes, c'est pour moi ?
   — Oui, je (　　) ai ＿＿＿＿＿ [faire] pour vous. Je (　　) souhaite un bon anniversaire !
3) C'est Lucie qui t'a donné cette écharpe ?
   — Oui, elle (　　)(　　) a ＿＿＿＿＿ [donner] l'année dernière.

5. 次の文を受動態の文にしなさい.

1) Notre chef invente ces plats.
2) Les tableaux des écoliers décorent toutes les salles.
3) On annonce la fête de la musique pour le 21 juin.

6. 例にならって使役構文をつくりなさい.

例) Je pleure. [son histoire, faire] → Son histoire me fait pleurer.
1) La neige brille. [le soleil, faire]
2) Les élèves récitent un poème. [le professeur, faire]
3) Je parle. [mon ami, ne pas laisser]

Thème

1) きれいなワンピースを着ているね. どこで買ったの？　—お母さんがくれたのよ.
2) 私たちはクレマンが大好きです. 彼はいつも私たちを笑わせてくれます. —そうだね, 彼はみんなから愛されている.
3) 君に貸した辞書とノートはまだ必要かな？　—1か月前に返したよ.

語彙:1) ワンピース robe（f）　2) クレマン Clément（固有名詞）, 笑う rire　3) 辞書 dictionnaire（m）, 貸す prêter, 返す rendre（rendu）

発展

1. 補語人称代名詞と命令法

補語人称代名詞を肯定命令文でつかうとき，次の語順になる．

> 動詞 - 直接補語 - 間接補語

meとteは強勢形moi, toiをつかう．

Rendez-le-moi. それを私に返してください．（*cf.* Vous me le rendez.）
Passez-les-lui. それらを彼（女）に渡してください．（*cf.* Vous les lui passez.）

直接補語と間接補語の一方が代名詞，他方が名詞であるとき，代名詞を先におく．

Montrez-lui cette photo. 彼（女）にその写真を見せてください．
Envoyez-la à vos parents. あなたの両親にそれを送ってください．

肯定命令で動詞の後に置かれた補語人称代名詞はトレ・デュニオンで動詞とつなぐ．否定命令では平叙文同様，必要ない．

否定命令ではこのような語順の変化は起こらない．

Ne me le rendez pas.   Ne les lui passez pas.
Ne lui montrez pas cette photo.   Ne l'envoyez pas à vos parents.

2. 補語代名詞の組み合わせ規則および複雑な語順

「君を彼に紹介する」「私を彼女たちに紹介してください」のように，直接補語が1人称，2人称であるとき，直接補語と間接補語の両方を代名詞にすることはできない．このとき，代名詞にするのは直接補語であり，間接補語は前置詞＋強勢形で表す．

Je **te** présente à lui. （× Je te lui présente.）
Présentez-**moi** à elles. （× Présentez-moi-leur.）

補語人称代名詞を含んだ文の複合過去，否定文，倒置疑問文などの語順を整理しておく．

まとまって主語と倒置される部分

Je **le lui** ai dit. （補語人称代名詞は複合過去の助動詞の前）
Je **ne le lui** ai **pas** dit. （否定のneは補語人称代名詞の前，pasは助動詞の後）
Ils **ne me les** ont **pas** donnés.
L'a-t-elle fait？（肯定文では Elle **l'**a fait. 補語人称代名詞と助動詞をまとめて主語と倒置）
Ne les lui avez-vous pas donnés？（ne, 補語人称代名詞および助動詞をまとめて主語と倒置）
— Non, je **ne les lui ai** pas donnés.

3. 受動態の発展

フランス語では，他動詞文の直接補語だけが受動態の主語になることができる．

英語では間接目的語も受動文の主語にすることができるが，フランス語ではできない．

Paul donne un livre à Jean. Paul gives a book to John.
Un livre est donné à Jean (par Paul). A book is given to John (by Paul)

× Jean est donné un livre（par Paul）． ○ John is given a book（by Paul）

受動態の複合過去形では être を複合過去にするため，été ともう1つの過去分詞が連続する．

Un spécialiste **a été invité** à la réunion.　　　ある専門家が会議に招かれた．
Cette scène **a été filmée** par un passant avec son smartphone.

　　　　　　　　　　この光景は通行人のスマートフォンで撮影されたものです．

Version　　　　　　　　　　　　　　　　　　　　　　　　　　DL 57

1）Croyez ceux qui cherchent la vérité, doutez de ceux qui la trouvent.　　　（André Gide）
2）Un livre a toujours deux auteurs : celui qui l'a écrit et celui qui le lit.　　（Michel Tournier）
3）Nommer un objet, c'est supprimer les trois quarts de la jouissance du poème qui est faite de deviner peu à peu : le suggérer, voilà le rêve.　　　（Stéphane Mallarmé）
4）La poésie est une plante libre ; elle croît là où on ne la sème pas. Le poète n'est pas autre chose que le botaniste patient qui gravit les montagnes pour aller la cueillir.

　　　　　　　　　　　　　　　　　　　　　　　　　　　　（Gustave Flaubert）

Leçon 8 ✍

Rien ne **se perd**, rien ne **se crée**, tout **se transforme**.

Antoine Lavoisier, *Traité élémentaire de chimie*

何も失われず，何も作り出されない．ただすべてが変容するだけである．

アントワーヌ・ラヴォワジエ 『化学原論』

ラヴォワジエは近代化学の父とされる科学者です．フランス革命のときに処刑されました．ここでつかわれている動詞 perdre, créer, transformer はすべて他動詞ですが，目的語がありません．目的語は主語自体を指す se であり，文は全体として自動詞文や受動態をつかった文のようになっています．これは代名動詞と呼ばれる，多くのヨーロッパの言語に共通する動詞のつかい方です．

1. 代名動詞のつくり方　La structure des verbes pronominaux

主語と同じ人称・数の再帰代名詞を付けてつくる．再帰代名詞は，直接補語としてはたらくときと間接補語としてはたらくときがあり，そのとき用いる動詞の性質によって決まる．

直接補語：Il a un enfant. Il le couche vers 20 heures.
　　　　　　　　　　　　　　　　　　　　彼には子どもがいます．その子は 20 時頃寝かせます．
　　　　　　Et lui, il **se couche** vers minuit.　それで彼は夜 12 時頃，寝ます．
間接補語：Ce lieu lui rappelle son enfance.　この場所は彼に幼少期を思い出させる．
　　　　　　Il **se rappelle** son enfance.　彼は幼少期を思い出す．

	se coucher	
je me **couche**		nous nous **couchons**
tu te **couches**		vous vous **couchez**
il / elle se **couche**		ils / elles se **couchent**

> coucher は直接補語をとり，le と se は直接補語である．rappeler は直接補語と間接補語をとり，lui と se は間接補語である．

2. 代名動詞の用法　Les emplois des verbes pronominaux

1）再帰的用法──典型的用法

「自分自身を／に～する」という，行為の結果が主語に返ってくることを表す．

Nous **nous levons** tard chez nous.　うちは朝が遅い．
Il **se réveille** toujours le dernier.　彼はいつも最後に目を覚ます．
Il **s'appelle** Amir.　彼の名前はアミールです．
Fatou **s'habille** pour la soirée.　ファトゥはパーティ用に着替える．
Anaïs **s'achète** un château en province.　アナイスは（自分のために）地方に城を買う．

直接補語が体の一部であるとき，その部分の持ち主は再帰代名詞（間接補語）で表し，体の部分自体には定冠詞をつかう．

Je me lave.　体（全体）を洗う（再帰代名詞は直接補語）
Je me lave les mains.　手を洗う（再帰代名詞は間接補語であり，les mains の持ち主を表す）
　　　　　　　　　　　　（*cf.* I wash my hands）

2) 相互的用法──複数の主語が「お互いに」

On **se rappelle**, d'accord ? また連絡とりあおうね.

Marie et Sophie **se regardent**（l'une l'autre）.
　　　　　マリーとソフィーは見つめ合う.

Les enfants **se donnent** des cadeaux de Noël
（les uns aux autres）. 子どもたちはクリスマスプレゼントを互いに交換する.

Mon frère et moi, nous ne **nous parlons** pas très souvent, mais nous **nous entendons** très bien.
　　　　　兄と僕はあまり話さないけれど, 理解しあっている.

> 「お互いに」の意味を強調するとき, 再帰代名詞が直接補語であればl'un(e) l'autre, 間接補語であればl'un(e) à l'autreをつかう. 主語が3人以上のときはles un(e)s les autres, les un(e)s aux autresとなる.

3) 受動的用法──主語は一般的に物

Ce fromage **se mange** avec du miel.
　　　　　このチーズは蜂蜜をかけて食べます.

Ça ne **se dit** pas, ce n'est pas poli.
　　　　　そうは言えない, 丁寧さに欠けるよ.

Ça **se voit**. 見ればわかるよ.

L'histoire **se répète**. 歴史は繰り返す.

La fenêtre **s'ouvre** sans bruit. 音もなく窓が開く.

La cérémonie du thé **se transmet** comme une culture traditionnelle d'hospitalité.
　　　　　茶道は伝統的なおもてなしの文化として伝えられている.

> 受動的用法は「習慣的な意味」「動作主をparなどで導入できない」「過去形ではつかいにくい」「こうするものだ, という規範的な意味をもつことが多い」という点で, 通常の受動態とは異なる.

> ouvrir（ouvert）㉙：j'ouvre, tu ouvres, il / elle ouvre, nous ouvrons, vous ouvrez, ils / elles ouvrent.（10課参照）

4) 本来的用法──常に再帰代名詞をともなう

Le comédien **se moque** du nouveau président. 芸人が新しい大統領をからかう.

Je **me souviens** de son mensonge. あの人の嘘を覚えている.

Ce parti politique va **s'emparer du** pouvoir. この政党が政権を得るだろう.

単独でつかわれる動詞が代名動詞としてつかわれることもある. s'en aller（去る）, se douter de（〜ではないかと予測する）, s'apercevoir de（〜に気づく）, se mettre à（〜し始める）など.

Je **me doute de** quelque chose, mais je ne sais pas précisément quoi.
　　　　　思いあたることはあるけれど, なにかはよくは分からない.

Les jours **s'en vont**, je demeure.（Apollinaire） 日々は去り, 私は残る.

➤ Exercice 1

3. 代名動詞の複合過去　Le passé composé des verbes pronominaux　DL 61

代名動詞を複合過去にするとき, 助動詞はêtreをつかい, 過去分詞の性数一致が必要である. ただし, 再帰代名詞が間接補語のときは一致しない.

se coucher

je **me suis couché(e)**	nous **nous sommes couché(e)s**
tu **t'es couché(e)**	vous **vous êtes couché(e)(s)**
il **s'est couché**	ils **se sont couchés**
elle **s'est couchée**	elles **se sont couchées**

> 数字70〜100：70 soixante-dix, 71 soixante et onze, 72 soixante-douze... 79 soixante-dix-neuf, 80 quatre-vingts, 81 quatre-vingt-un, 82 quatre-vingt-deux... 90 quatre-vingt-dix, 91 quatre-vingt-onze, 92 quatre-vingt-douze... 100 cent.

Elle **s'est lavée**. 彼女は体を洗った.

Elle **s'est lavé** les mains. 彼女は手を洗った.

Nous **nous sommes perdus** avant de trouver le bâtiment 78.

私たちは78号棟を見つけるまでに迷った.

Elles **se sont envoyé** des cartes de vœux à la fin de l'année.

彼女たちは年末にグリーティングカードを送りあった.

Je suis rentrée très tard hier soir. Je **ne me suis pas douchée**.

昨夜は帰りがとても遅かったので，シャワーを浴びなかった.

➡ Exercice 2

4. よくつかう非人称構文　Les constructions impersonnelles

DL 62

非人称構文は気候・天候，時間などの表現でつかわれることが多い.

Quel temps **fait-il** ? — **Il fait** chaud !　　　　どんな天気ですか. —暑いです.

Quelle heure **est-il** ? — **Il est** huit heures.　　何時ですか. —8時です.

Il a neigé beaucoup cet hiver.　　今年の冬は雪がたくさん降った.

Il pleut souvent en Bretagne.　　ブルターニュではよく雨が降る.

Il vaut mieux se cacher derrière le rideau.　　　　カーテンの後ろに隠れるといいよ.

Il faut 15 minutes à pied pour aller à la pharmacie.　　薬局に行くのに歩いて15分かかる.

Le vent se lève !... **Il faut** tenter de vivre !（Paul Valéry）　風立ちぬ. いざ生きめやも.（堀辰雄訳）

> neiger, pleuvoir, valoir, falloirのように，非人称ilの活用形しか持たない動詞がある. 人称はilに限られても，法・時制はさまざまである.

意味上の主語を文の後方で表現するために非人称主語を立てることもある.

Il est impossible **de** traverser cette rivière sans être mouillé.　　濡れずにこの川を渡るのは不可能だ.

Il s'est passé quelque chose d'étrange.　　奇妙なことが起こった.

非人称構文で表される出来事が誰にとって問題なのかを示すためには間接補語をつかう.

Il **leur** est arrivé un accident.　　彼（女）らに事故が起こった.

Il **nous** reste encore beaucoup à découvrir.　　私たちにはまだまだ発見すべきことが残っている.

➡ Exercice 3

5. mettre, dire の直説法現在　L'indicatif présent des verbes *mettre* et *dire*

DL 63

mettre (mis) ㉖	
je **mets**	nous **mettons**
tu **mets**	vous **mettez**
il / elle **met**	ils / elles **mettent**

dire (dit) ⑰	
je **dis**	nous **disons**
tu **dis**	vous **dites**
il / elle **dit**	ils / elles **disent**

Je **mets** du sucre dans mon café.　　コーヒーに砂糖を入れる.

Mettez vos bagages ici.　　荷物はここに置いてください.

Il faut **mettre** le chauffage.　　暖房を入れなければならない.

Brahms **a mis** 21 ans à composer sa première symphonie.

ブラームスは最初の交響曲を作曲するのに21年かけた.

Mettez-vous à table.　　テーブルにつきなさい.

Qu'est-ce que ça veut **dire** ?　　それはどういう意味ですか.

Comment on **dit** fun'iki en français ?　　雰囲気ってフランス語でどう言いますか.

— On **dit** l'atmosphère.　　　　— atmosphère です.

1. 括弧内の代名動詞を直説法現在に活用させなさい.

   1) Elle (s'appeler) comment, déjà ?   2) Je (s'en aller) maintenant.

   3) Nous (se connaitre) depuis l'enfance.   4) Le Sacré-Cœur (se voir) de loin.

   5) Tu (ne pas s'intéresser) à ce métier ?

   6) Vous (ne pas se souvenir) de votre mot de passe ?

2. 括弧内の代名動詞を直説法複合過去に活用させなさい.

   1) Nous (se promener) au bord du lac.

   2) Julie et Jean-Jacques (s'écrire) pendant dix ans avant de se rencontrer.

   3) Je (s'occuper) des plantes du voisin pendant les vacances.

   4) Il (ne pas s'habituer) à sa nouvelle vie en France.

   5) On (se mettre) d'accord.

   6) Elle (se rappeler) sa jeunesse en Flandre.

3. [　] の中の語句を並べ替えて, 非人称構文をつくりなさい.

   1) [minutes, faut, nous, dix, il] pour aller au fond du couloir.

   2) Pour annuler, [prévenir, de, nous, il, convient] trois jours à l'avance.

   3) [s'est, il, d'étrange, passé, quelque chose] dans cette usine.

   4) [chaud, il, fait, humide, et] pendant la saison de pluie.

   5) [est, trouver, difficile, un, il, vous, de, taxi] dans ce quartier.

   6) [à, mieux, il, conférence, assister, vaut, cette].

Thème

   1) 毎朝することを話してください. ——私は朝7時に起き, 顔を洗い, 朝ご飯を食べ, 歯を磨いて, 服を着て, それから出かけます.

   2) 昨日, 私は夜の9時に宿題をやり始め, 11時に寝ました. 終えるのに2時間かかりました.

   3) (電話での会話) パリはどんな天気ですか. ——良い天気ですが, もうすぐ雨が降りそうです (近接未来をつかう), 夏にしては涼しいです.

   4) 3か月以上フランスに滞在するためには学生ビザを取得しなければなりません. 書類をできるだけ早く準備した方がいいですよ.

     語彙:1) 歯を磨く se brosser les dents　2) 〜し始める se mettre à　3) 〜にしては pour (前置詞)　4) 滞在する séjourner, 学生ビザ visa étudiant (m), 書類 dossier (m), できるだけ早く le plus tôt possible

発展

1. 代名動詞の倒置疑問文と命令法

現在形の場合，再帰代名詞と動詞を一体のものとして，主語と倒置させる．

> Il **se lève**. → **Se lève**-t-il ?
> Nous **nous levons**. → Nous **levons**-nous ?

複合過去では，再帰代名詞と助動詞を一体のものとして，主語と倒置させる．

> Il **s'est** levé. → **S'est**-il levé ?
> Nous **nous sommes** levés → Nous **sommes**-nous levés ?

複合倒置の語順は次のとおりであり，現在形では動詞と代名詞，複合過去では助動詞と代名詞が倒置関係になる．

> Paul se réveille très tôt tous les jours. → Paul se réveille-t-**il** très tôt tous les jours ?
> Paul s'est réveillé très tôt ce matin. → Paul s'est-**il** réveillé très tôt ce matin ?

命令文では補語人称代名詞をつかった命令文と同じ語順（7課「発展」）となり，te は toi となる．

肯定命令	Dépêche-toi ! 急げ！	Calmez-vous ! 落ちついてください．
否定命令	Ne te dépêche pas ! 焦らないで！	Ne vous fâchez pas ! 怒らないでください．

> つかう動詞や会話のスタイルによっては Fâche-toi pas !（怒るなよ）という語順がつかわれることもある．

2. 代名動詞の受動的用法と受動態，自動詞

代名動詞の受動的用法とよく似たはたらきをするものとして受動態と自動詞がある．まず，受動態との違いを詳しく説明しよう．

> Ce vin **se boit** frais.　　このワインは冷やして飲まれる／冷やして飲むものだ．

この文は「このワイン」についての一般的な性質について語っている．そのため，特定の出来事ではないので（×）Ce vin s'est bu frais hier soir. のような過去形になることはなく，（×）Ce vin se boit frais par mon père. のように動作主を入れることもできない．また，「冷やして飲むものだ」のように規範的な意味が生じることもある．受動態は誰かが何かをした特定の出来事を物の側から表現するものなので，Ce vin a été bu hier soir. や Ce vin est bu par mon père. のように言える一方で，規範的な意味が生じることはない．

受動的用法と自動詞も似ているようで，違いがある．

> Jean ouvre la porte.　ジャンがドアを開ける．
> La porte ouvre.　　　ドアが開く．
> La porte **s'ouvre**.　　ドアが開く．

ジャンが働きかけてドアが開くという変化が生じる．他動詞文はその全体を表現し，自動詞文はドアの変化の部分のみに焦点をあてる．そして代名動詞を使うと「誰かが働きかけたわけでもないのに，ドアがひとりでに開く」という解釈になる．自動詞文の中にもジャンは出てこないが，背景的には「誰かが開けるから，ドアが開く」という論理がはたらいている．代名動詞は背景的にも動作主がいないものとして出来事を表現するのである．文脈によっては「ドアというものは構造上，開くようにできている」というように解釈されるかもしれない．

受動態の文でも le français est parlé au Québec, la salle est climatisée（7課）のように，par によ

って動作主を表しにくいことはある．それでも「話す人がいるから，話される」「誰かは特定できない けれど，スイッチを入れる人がいる」という理解の枠組みはある．受動的用法は具体的な動作主がお らず，「物が自ずからそうなる」ことを表現することに特徴がある．

　次の例は同じような状況で使うことができる文だが，聞き手に与える印象は違う．どのように違 うか説明できるだろうか．

<blockquote>

Allez en France, et vous pouvez apprendre le français plus rapidement

フランスに行きなさい．そうすればフランス語をより早く学べますよ．

Allez en France, et le français s'apprend plus rapidement.

フランスに行きなさい．そうすればフランス語が早く身につきますよ．
</blockquote>

Version　　　　　　　　　　　　　　　　　　　　　　　　　　　　　　DL 64

1）L'impôt n'est pas une question technique, il se trouve au cœur du lien social.

（Thomas Piketty）

2）Eh, Monsieur, un roman est un miroir qui se promène sur une grande route. Tantôt il reflète à vos yeux l'azur des cieux, tantôt la fange des bourbiers de la route.　　（Stendhal）

3）Il faut savoir se retirer. C'est dans l'absence, dans le retrait que quelque chose peut naître.

（Claude Régy）

4）Il y a deux choses que l'expérience doit apprendre : la première, c'est qu'il faut beaucoup corriger ; la seconde, c'est qu'il ne faut pas trop corriger.　　（Eugène Delacroix）

Leçon 9 ∾•☙

DL 65

Longtemps, je me suis couché de bonne heure. Parfois, à peine ma bougie
éteinte, mes yeux **se fermaient** si vite que je n'**avais** pas le temps de me dire :
« Je m'endors. »   Marcel Proust, *À la recherche du temps perdu*
長いこと私は早めに寝むことにしていた．ときにはロウソクを消すとすぐに目がふさがり，「眠
るんだ」と思う間もないこともあった．　マルセル・プルースト『失われた時を求めて』(吉川一義訳)

フランスのもっとも独創的でもっとも敬意を込めて読まれている小説の一つ，『失われた時を求めて』の
冒頭を飾る文です．「早めに寝む」は複合過去 je me suis couché で長期間にわたる習慣をひとまとまりの
ものとして表現しています．一方，「目がふさがり」「思う間もなかった」はそれぞれ se fermaient, avais
という半過去がつかわれ，過去の出来事の中に身を置き，今まさに展開しているかのように表しています．

1. 直説法半過去　*L'indicatif imparfait*

DL 66

1) 半過去の活用形

　直説法現在 1 人称複数の活用形から –ons を除いた部分が語幹となる．除くべき –ons を持たない唯一
の動詞 être のみ例外で ét– となる．語尾はすべての動詞に共通している．

aimer → nous **aim**ons

j'**aim**ais [ɛ]	nous **aim**ions [jɔ̃]
tu **aim**ais [ɛ]	vous **aim**iez [je]
il / elle **aim**ait [ɛ]	ils / elles **aim**aient [ɛ]

> 1 人称複数現在形で不規則な活用
> となる mangeons, commençons
> などのときにも，–ons を除いた
> mange–, commenç– までが語幹
> となる（1 課「発展」参照）．

finir → **finiss**ons　　　avoir → **av**ons　　　être → **ét**–　　　faire → **fais**ons
prendre → **pren**ons　　aller → **all**ons　　　venir → **ven**ons　　pouvoir → **pouv**ons
dire → **dis**ons　　　　dormir → **dorm**ons　　lire → **lis**ons

2) 半過去形の基本的用法

　半過去は，過去のある時点における習慣や状態，継続している出来事を表す．現在形が発話時におけ
る習慣や状態，継続している出来事を表すのと並行的である．

En 2008, Yannick **était** chauffeur de camion.　　2008 年，ヤニックはトラックの運転手だった．
Quand j'**étais** lycéen, je dessinais des paysages.　高校生のとき，風景画を描いていた．

3) 複合過去と半過去の違い

　複合過去は出来事を現在から見て完了したものとして表すのに対し，半過去は過去のある時点におい
て未完了のものとして表す．これらが組み合わされるとき，複合過去は点的な出来事，半過去はその背
景を表す．

Je **dormais** quand quelqu'un **a frappé** à la porte.　誰かがドアをノックしたとき，私は寝ていた．
　　　　　　　　　　　　　　　　　　　　　　　（私が寝ていたら，誰かがドアをノックした）

Au moment où Maya **allait** sortir, il **s'est mis** à pleuvoir.
　　　　　　　　　　　　　　　　　　　　　　　マヤが出かけようとしていたら，雨が降りだした．

Il **a sauvé** un enfant qui **se noyait** dans la mer. 彼は海で溺れている子どもを助けた.

➡Exercice **1**

2. 大過去　Le plus-que-parfait

DL 67

助動詞の直説法半過去と過去分詞でつくる. 大過去は, 過去のある時点を基準として, その時点で既に完了している出来事を表す.

> êtreとavoirの選択, êtreをつかった場合に過去分詞を主語に性数一致させる必要がある点は複合過去と同じである.

	faire	
j'avais fait	nous **avions fait**	
tu **avais fait**	vous **aviez fait**	
il / elle **avait fait**	ils / elles **avaient fait**	

	sortir	
j'**étais sorti(e)**	nous **étions sorti(e)s**	
tu **étais sorti(e)**	vous **étiez sorti(e)(s)**	
il **était sorti**	ils **étaient sortis**	
elle **était sortie**	elles **étaient sorties**	

「過去のある時点」は, 複合過去や時間を表す状況補語などで表すことができる.

Quand je suis allé voir Claude, il **était** déjà **sorti**.
クロードに会いに行ったとき, 彼はもう外出していた.

Je ne t'ai pas vue depuis le jour où on **avait dîné** ensemble.
一緒に夕食を食べた日以来, 会ってなかったね.

Au moment du décollage, Manon **s'était** déjà **endormie**.
離陸のときにはマノンはもう寝てしまっていた.

Tu as oublié ce que je t'**avais dit** ? 私が言ったこと忘れたの？

➡Exercice **2**

3. 現在分詞　Le participe présent

DL 68

1) 現在分詞のつくり方

語幹は半過去と同じように直説法現在1人称複数からつくり, 語尾はすべての動詞に共通して -ant である. ただし, avoir と savoir は特別な語幹をもつ.

> êtreの語幹は半過去と同じである.

aimant（aimer, **aim**ons）　　**finissant**（finir, **finiss**ons）　　**faisant**（faire, **fais**ons）
prenant（prendre, **pren**ons）　　**étant**（être, **ét–**）　　**ayant**（avoir）　　**sachant**（savoir）

2) 現在分詞の用法

現在分詞は動詞の能動的意味を表して名詞を修飾し, 補語をとることもできる. 形容詞とは異なり性数一致しない.

> 過去分詞は受動的意味を表して名詞を修飾し, 性数一致する.
> Ferrari est une voiture *fabriquée* en Italie.

Analysez l'un des trois mouvements **constituant** cette sonate.
このソナタを構成する3つの楽章の1つを分析しなさい.

Ce biologiste a posé une question **intéressant** le public. (*cf.* Il a posé une question intéressante.)
その生物学者は聴衆の興味をひく質問をした.（彼はおもしろい質問をした）

また, 接続詞が表す時間的関係, 原因・理由, 条件, 対立などの意味を現在分詞のみで表すことができる（分詞構文）. 書きことばで多くつかわれる.

> 分詞構文の主語は主節の主語と同じこともあれば, 異なることもある.

Répondant à un appel, Sophie a heurté un passant sur le trottoir.
電話に出ていると, ソフィーは歩道で通行人にぶつかった.

Étant malade, je dois rester à la maison.　病気なので家にいなければなりません.

La rentrée **approchant**, le planning des activités a été mis à jour sur le web.
新学期が近づいて，時間割がウェブで更新された.

➡ Exercice 3

3）ジェロンディフの用法

ジェロンディフはen＋現在分詞でつくる．同時性，様態，手段，条件，原因・理由，対立などを表し，話しことばでもつかわれる．原則として，ジェロンディフの意味上の主語は主節と同じである.

On écoutait les chants d'oiseaux **en se promenant** dans le bois.
(*cf.* pendant que l'on se promenait dans le bois)
私たちは森を散歩しながら鳥の声を聞いた.

> queとonが連続するとき，エリジオンしてqu'onとなることもあれば，語調を整えるためにl'をはさむこともある.

En prenant ce chemin, vous pouvez arriver à la cathédrale plus facilement.（*cf.* si vous prenez ce chemin）
この道を通ればもっと簡単に大聖堂に行けますよ.

En s'entraînant trop, il s'est blessé à la jambe.（cf. parce qu'il s'est trop entraîné）
トレーニングし過ぎて，彼は脚を痛めてしまった.

➡ Exercice 4

4　lire, croire の直説法現在　L'indicatif présent des verbes *lire* et *croire*　DL 69

lire（lu）㉔		**croire**（cru）⑮	
je **lis**	nous **lisons**	je **crois**	nous **croyons**
tu **lis**	vous **lisez**	tu **crois**	vous **croyez**
il / elle **lit**	ils / elles **lisent**	il / elle **croit**	ils / elles **croient**

Exercices

1. 次の語句を組み合わせて，各人称を主語とした半過去形の文を6通りつくりなさい.

Je		avoir		la sortie	le journal		hier
Tu		chercher		l'annonce	beau		à ce moment-là
Il / Elle	+	être	+	mauvais	fatigué	+	il y a trois ans
Nous		faire		du tennis	dans la cuisine		la semaine dernière
Vous		lire		la réponse	un enfant		quand il est venu
Ils / Elles		vouloir		triste	une voiture		au printemps dernier

2. 括弧内の動詞を，複合過去形，半過去形，大過去形のいずれかに活用させなさい.

　1）Vincent (ne pas aller) au concert parce qu'il (avoir) de la fièvre.

　2）Luc (prêter) un DVD à Cécile hier, mais c'était le film qu'elle (voir) avant-hier.

　3）Quand tu (être) petit, tu (aimer) la pluie.

　4）Quand je (arriver) à la gare, le train (partir). Il n'y (avoir) plus personne sur le quai.

　5）Matthieu (avoir) une bonne note en espagnol. Il (réviser bien).

3. 下線部分を，現在分詞を用いて書き換えなさい.

　1）<u>Alors qu'elle faisait un détour</u>, ma mère a croisé une amie d'enfance.

　2）C'est une chambre <u>qui donne sur la cour</u>.

　3）<u>Comme le panneau était caché par des arbres</u>, nous nous sommes trompés de route.

4. 下線部分を，ジェロンディフを用いて書き換えなさい．

1) Si tu travailles beaucoup au début, tu vas vite progresser en français.
2) Mon frère parle toujours pendant qu'il dort.
3) Paul gagne bien sa vie, et pour cela, il enseigne l'anglais en ligne.

Thème

1) 昨日の夜テレビでホラー映画を見ていたら、突然誰かがドアをノックした．とても怖かったが，それは同じ建物に住んでいる友達だった．
2) また朝起きられなかったね．早く寝なさいと言っておいたでしょ．——でも、先生が推薦してくれた本を読んでいたんだ．
3) 歩きながらスマートフォンを見るのはとても危険です（非人称構文をつかう）．
   語彙：1) ホラー映画 film d'horreur（m），突然 soudain　2) 〜するように…に言う dire à ... de + 不定形　3) 危険だ dangereux

発展

分詞構文とジェロンディフの違い

分詞構文とジェロンディフは，意味上の主語が主節の主語と一致するときは書き換え可能なことも多い．

Sortant du magasin, elle a rencontré une amie. ⇔ En sortant du magasin, elle a rencontré une amie.

ただし，分詞構文のみ複合形をとることができ，主節とは異なる主語もとることができる．分詞構文の複合形は ayant/étant＋過去分詞で作り，主節が表す時よりも前に完了している出来事を表す．avoir と être のつかい分けは複合過去や大過去と同じである．

Ayant fait le ménage, Pierre est sorti avec ses amis.
　　　　掃除が終わったところでピエールは友達と出かけた．

La France étant membre de l'Union européenne, sa politique doit s'harmoniser avec celles des autres pays membres.
　　　　フランスは EU のメンバーであるため，その政策は他の加盟国のものと調和していなければならない．

Version   DL 70

1) Un poète, un romancier, un nouvelliste, un conteur ne donne au lecteur que la moitié d'une œuvre, et il attend de lui qu'il écrive l'autre moitié dans sa tête en le lisant ou en l'écoutant.
   (Michel Tournier)

2) Vous devenez musicien en écoutant de la musique. Dès lors, vous êtes toujours dépendant d'une certaine tradition historique, et vous vous insérerez dans une culture qui vous a nourri.
   (Pierre Boulez)

3) Je souhaite dans ma maison :
   Une femme ayant sa raison,
   Un chat passant parmi les livres,
   Des amis en toute saison
   Sans lesquels je ne peux pas vivre.
   　　　(Guillaume Apollinaire)

4) Estragon. — Qu'est-ce qu'on fait maintenant ?
   Vladimir. — En attendant.
   Estragon. — En attendant.
   Silence.　　　(Samuel Beckett)

Leçon 10 ∼☙☙∽

Je forme une entreprise qui n'eut jamais d'exemple et **dont** l'exécution n'**aura** point d'imitateur. Je veux montrer à mes semblables un homme dans toute la vérité de la nature, et cet homme, ce **sera** moi.　Jean-Jacques Rousseau, *Les Confessions*
わたしはかつて例のなかった，そして今後も模倣する者はないと思う，仕事をくわだてる．自分と同じ人間仲間に，一人の人間をその自然のままの真実において見せてやりたい．そして，その人間というのは，わたしである．　　　ジャン・ジャック・ルソー『告白』（桑原武夫訳）

啓蒙思想家の一人であるルソーは，その後のロマン主義につながるような自我を見つめる目を持っていました．関係代名詞dontのはたらきにより，l'exécution（実行）は「その企て（une entreprise）の実行」という意味になります．また，「その実行は模倣する者を得ることはないだろう」と未来のことを語るとき，動詞はavoirの単純未来形auraがつかわれています．最後の部分では，êtreの単純未来形seraをつかって ce sera moi（それはわたしである）と自らの意思が述べられています．

1. 直説法単純未来と前未来　L'indicatif du futur simple et du futur antérieur　DL 72

1) 活用形

　規則動詞第1グループの語幹は1人称単数現在形から，その他の動詞は不定形からつくる．活用語尾はすべての動詞で共通しており，r + avoirの直説法現在である（avons と avez の av は除く）．

> 規則動詞第2グループとpartirタイプは語末のrを除いたものが語幹である．je partirai, tu dormiras, nous sortirons...

aimer → j'aime		finir → je finis	
j'**aime**rai	nous **aime**rons	je **fini**rai	nous **fini**rons
tu **aime**ras	vous **aime**rez	tu **fini**ras	vous **fini**rez
il / elle **aime**ra	ils / elles **aime**ront	il / elle **fini**ra	ils / elles **fini**ront

acheter → j'**achète**　: j'**achète**rai, nous **achète**rons...
appeler → j'**appelle**　: j'**appelle**rai, nous **appelle**rons...

> 規則動詞第1グループも不定形からつくると考えることもできるが，発音が不規則なときは1人称単数現在からと考える必要がある．

–reで終わる動詞は–reを除いた部分が語幹である．

je prendrai, tu mettras, il entendra, vous croirez...ただし faire は例外である．

　特殊な語幹をもつ不規則動詞も多い．

avoir → j'**au**rai　　　être → je **se**rai　　　aller → j'**i**rai　　　venir → je **viend**rai
faire → je **fe**rai　　　voir → je **ver**rai　　　pouvoir → je **pour**rai
savoir → je **sau**rai　　vouloir → je **voud**rai　falloir → il **faud**ra

2) 用法

　未来の状態・出来事・未来のことに対する意思を表す．

J'espère qu'il y **aura** beaucoup de monde à la fête. — On **verra**.
　　　　　　　　　　　　パーティにたくさん来てくれたらいいんだけど．―まぁ待ってみよう．

Votre commande **sera expédiée** dans les meilleurs délais.　あなたのご注文はすぐに発送されます．

58

Je ne **ferai** jamais plus la même erreur.　同じ間違いは二度としない.

また，2人称に対してつかうことで命令を表すこともできる.

Tu **viendras** passer quelques jours chez moi.　何日かうちで過ごしに来てください.
Vous **vous mettrez** au centre.　真ん中にお座りください.

現在の推測を表すこともある.

La lettre que j'avais cachée a disparu. Ce **sera** Edgar le coupable.
隠しておいた手紙がなくなっている. 犯人はきっとエドガーだ.

> 本当に不確実な推測であれば条件法をつかう(11課).単純未来が表すのは「かもしれない」ではなく，「に違いない」に近い推測である.

➡ Exercice ①

3) 前未来

助動詞の単純未来形と過去分詞でつくる. 未来のある時点を基準として，そのときには完了していると考えられる出来事を表す.

> êtreとavoirの選択,êtreをつかった場合に過去分詞を主語に性数一致させる必要がある点は複合過去,大過去と同じである.

	aimer		aller
j'**aurai aimé**	nous **aurons aimé**	je **serai allé(e)**	nous **serons allé(e)s**
tu **auras aimé**	vous **aurez aimé**	tu **seras allé(e)**	vous **serez allé(e)(s)**
il / elle **aura aimé**	ils / elles **auront aimé**	il **sera allé**	ils **seront allés**
		elle **sera allée**	elles **seront allées**

Appelle-moi quand **vous serez arrivées** à la station de métro. Je viendrai vous chercher.
メトロの駅に着いたら電話してね. 迎えに行くから.

Au XXIIe siècle, l'homme **aura atteint** Mars.
22世紀には，人類は火星に到達しているだろう.

Une fois que les examens **auront commencé**, ça ira.
試験が始まってしまえば，何とかなるよ.

> 序数は数詞に–ièmeをつけてつくり，1のみ premier/première となる. ここでXXII^e は vingt-deuxième と読む(詳しくは「序数」p.86).

➡ Exercice ②

2. 中性代名詞　Les pronoms neutres

1) le

属詞や動詞の不定形，先行する文の内容全体を受けることができる. 形としては直接補語代名詞の男性単数leと同じだが，属詞や動詞などに性はないため中性である.

Auguste était riche autrefois, mais il ne l'est plus.　オーギュストはかつて金持ちだったが，今やそうではない.
Tu peux partir si tu **le** veux.　行きたければ行っていいよ.
Il y aura un cours supplémentaire. Tu **le** savais ?　補講があるんだって. 知ってた？

2) y

à+名詞またはà+動詞の不定形を受ける. 場所を表すときにはàだけではなく，その他の前置詞 dans, sur, en, chez, devant, derrière 等も受けることができる.

Il y a eu un concert à la Philharmonie de Paris. J'**y** étais présent. C'était formidable.
フィルハーモニー・ド・パリでコンサートがあって，そこにいたんだ. すごく良かったよ.

Tu as renoncé à devenir peintre ? — Non, je n'**y** ai pas renoncé.
画家になるのは諦めたの？　—いや，諦めてないよ.

Si on montait sur la terrasse de l'aéroport ? On peut y admirer des avions de toutes sortes.

空港の展望デッキに行かない？　いろんな飛行機が見られるよ．

J'ai reçu un mail d'un inconnu, et je n'y ai pas répondu.

(*cf.* je ne lui ai pas répondu.)

知らない人からメールをもらって，そのメールには返事しなかった．

（その人には返事しなかった．）

> à+名詞が間接補語のとき，lui とyのどちらかで受けることになる．人を指すときにはluiまたは leur, 物を指すときにはyをつかう のが一般的なつかい分けである．

3) en

de+名詞，動詞の不定形，先行内容の代わりをする用法

Vient-il de France ?　— Oui, il **en** vient.　　　彼はフランス出身？　—うん，そうだよ．

Ces artisans fabriquent des chaussures en cuir de qualité. Ils **en** sont fiers.

この職人たちは高品質の革靴を作っています．そのことに誇りを持っています．

Vous connaissez cette chanson ?　— Oui, j'**en** connais le titre.

この歌は知っていますか．—タイトルは知っています．

Tu viens avec nous ?　— Oui, j'**en** ai envie.

一緒に来る？　—うん，そうしたい．

On m'a dit que tu allais partir pour Madagascar !

— Tu l'as oublié ? Je t'**en** ai déjà parlé.

マダガスカルに行くんだって？

—忘れたの？　もう話してあったじゃない．

> 先行する文にde cette chansonやde venir avec vousという表現そのもの はないが，enはそれらを受けている (Je connais le titre *de cette chanson.* J'ai envie *de venir avec vous.*).

不定冠詞・部分冠詞のついた直接補語の代わりをする用法

Avez-vous des frères ?　　　ご兄弟はいますか．

— Oui, j'**en** ai (un, deux...).　—はい，（1人，2人…）います．

Tu veux encore du café ?　　まだコーヒーいる？

— Non, je n'**en** veux plus. J'**en** ai assez pris.　—いや，もういいよ．十分もらったよ．

> 数詞・数量副詞（beaucoupやassezな ど）と一緒につかうことができる．

→ Exercice 3

DL 74

3. 前置詞をともなう関係代名詞　Les pronoms relatifs liés aux prépositions

1) 前置詞＋関係代名詞

　主語と直接補語以外の名詞に関係代名詞をつかうときには前置詞が必要となる．先行詞が人であると きにはqui，物であるときには性数に合わせてlequelをつかい，必要に応じて縮約する．

C'est quelqu'un **à qui** je dois beaucoup.　　　とてもお世話になった人です．

C'est un morceau **dans lequel** le compositeur exprime la joie de vivre.

これは作曲家が生きる歓びを表現した作品です．

Voilà les billets de l'événement **auquel** participent beaucoup de danseurs.

ダンサーがたくさん参加するイベントのチケットだよ．

2) dont

　関係代名詞と結びつく前置詞がdeのとき，dontという関係代名詞がつかわれることが多い．先行詞 は人でも物でもよい．

Voici les enfants **dont** Enzo s'occupe.

エンゾが世話している子どもたちです．

C'est un réalisateur **dont** l'œuvre est marquée par les thèmes de l'amitié.　友情というテーマでその作品が特徴づけられる監督です．

> 関係節の主語名詞にかかるときには 英語の関係代名詞whoseに似ている が，dontの使用範囲はこれより広い． また，whoseと似ているときでも冠 詞のつかい方が異なる．*cf.* This is a director whose work is ...

Pour sortir de l'impasse, changeons la manière **dont** on pense.
行きづまりから抜け出すために考え方を変えましょう.

4. recevoir, ouvrir の直説法現在　　*L'indicatif présent des verbes* recevoir *et* ouvrir

recevoir (reçu) ㊳		**ouvrir** (ouvert) ㉙	
je **reçois**	nous **recevons**	j'**ouvre**	nous **ouvrons**
tu **reçois**	vous **recevez**	tu **ouvres**	vous **ouvrez**
il / elle **reçoit**	ils / elles **reçoivent**	il / elle **ouvre**	ils / elles **ouvrent**

découvrir, offrir なども同じ活用・過去分詞のタイプ

Exercices

1. 次の語句を組み合わせて，各人称を主語とした単純未来形の文を6通りつくりなさい.

Je		avoir		à Maurice	de Strasbourg
Tu		être		en Normandie	chez eux
Il / Elle		acheter		de l'étranger	des bouteilles
Nous	+	prendre	+	un pantalon	une boisson fraîche
Vous		aller		ce gilet	ces lunettes
Ils / Elles		venir		un avion	

2. 括弧内の動詞を単純未来または前未来に活用させなさい.

1) Tu vas au cinéma ce soir ? Tu me (dire).
2) Certains disent que les robots (travailler) à notre place dans quelques décennies.
3) Comme ça, nous (pouvoir) échanger nos idées plus facilement.
4) On (déménager) dès qu'on (trouver) un bon appartement.
5) Qu'est-ce que vous (faire) quand vous (terminer) vos études ?
6) Cet ascenseur est trop lent. Quand il (venir), on (monter) au troisième étage par l'escalier.
7) Dès qu'il (recevoir) le résultat, il vous (mettre) au courant.

3. 下線部分を，適切な中性代名詞を用いて書き換えなさい.

1) Tu es né à Marseille ? — Non, mais j'ai travaillé à Marseille il y a sept ans.
2) Vous ne voulez pas de sucre ? — Si, je veux un peu de sucre.
3) Tu sais que Paul habite maintenant au Brésil ? — Non, je ne savais pas qu'il habite au Brésil.
4) Modigliani n'était pas célèbre de son vivant, mais il est devenu célèbre après sa mort.
5) Mon mari pense à notre prochain voyage et moi aussi, je pense à notre prochain voyage.
6) Tu peux prendre une semaine de vacances. — Je vais profiter de ces vacances pour me reposer.
7) J'étais sûre, mais maintenant, je ne suis plus sûre.
8) Joseph n'a pas le projet de construire une maison, mais sa femme envisage de construire une maison.

4. 関係代名詞を用いて次の2つの文を1文にしなさい.

1）C'est ma collègue. Je t'ai parlé d'elle hier soir.

2）Je connais un roman. Son sujet principal est la fin de l'univers.

3）Voici le programme. Je suis responsable de ce programme.

4）Voilà la pancetta faite maison. Sans cette pancetta, je ne peux pas faire de pâtes à la carbonara.

5）Il faut choisir une personne. Vous allez voter pour cette personne.

6）J'ai vu la grande salle de la mairie. La cérémonie de mariage aura lieu dans cette salle.

7）Il a fait un beau voyage. Pendant ce voyage, il a rencontré beaucoup de personnes très intéressantes.

Thème

1）明日，私が会長を務めるクラブの創設を祝います. はじめは5人だけでしたが，いまや50人，そして10年後には100人になるでしょう.

2）―宿題を終えたら(前未来)、公園へ遊びに行っていいよ.

―でも、(宿題が終わった頃には)もう暗くなってるよ. 公園(yをつかう)には行けないよ.

3）(市場での会話. できるだけ中性代名詞をつかうこと)

―いわしありますか.

―何匹お入り用ですか. 今日はあまりないんです.

―それはわかっていたのですが. 昨日の嵐では，何ともしようがないですね.

語彙：1）会長 président(m), 創設 création(f), 祝う fêter, 私たちは〜人です Nous sommes + 数詞 2）暗くなる il fait noir 3）いわし sardine(f), 嵐 tempête (f), 何ともできない on n'y peut rien.

発展

de + 名詞の前で，別の前置詞と名詞がつかわれているとき，de + 名詞の部分だけを dont で受けることができない．このとき，de qui, duquel（性数に合わせて縮約）をつかう．

Je regardais la dame **à côté de qui** mon frère était assis.
　　　　　　兄の隣に座っている女性を見ていた．

C'est le lac **au bord duquel** se trouve un bel hôtel.
　　　　　　きれいなホテルがほとりに立っている湖です．

Voilà les sujets **autour desquels** on peut mener le débat d'aujourd'hui.
　　　　　　今日の討論会はこれらのテーマをめぐって行います．

> autour は au と tour からつくられているため，au-tour de とみなされる．

書きことばでは，先行詞を明確にするために人であっても lequel をつかうことがある．

La police a interrogé les témoins du crime, **lesquels** ont donné différentes versions des faits.
　　　　　　警察はその犯罪の目撃者から聞き取りをしたが，彼らは事実について異なる説明をした．
　　　　　　　　　　　　　　　　　　　　　　　　　　　　（lesquels の先行詞は témoins）

La police a interrogé les témoins du crime **qui** s'était produit la veille.
　　　　　　警察は前日に起こった犯罪の目撃者から聞き取りをした．　　　（qui の先行詞は crime）

Version　　　　　　　　　　　　　　　　　　　　　　　　　　　　　　　DL 76

1) Tu seras pour moi unique au monde. Je serai pour toi unique au monde…
　　　　　　　　　　　　　　　　　　　　　　　　　　　　　（Saint-Exupéry）

2) Il a fallu un instant pour couper sa tête, et un siècle ne suffira pas pour en produire une si bien faite.　　　　　　　　　　　　　　　　　　（Joseph-Louis Lagrange）

3) Celui qui est fidèle dans les petites choses le sera aussi dans les grandes.　　　（André Gide）

4) Mes parents nous rappellent souvent, à mes frères et à moi, qu'ils n'auront pas d'argent à nous laisser en héritage, mais je crois qu'ils nous ont déjà légué la richesse de leur mémoire.
　　　　　　　　　　　　　　　　　　　　　　　　　　　　　（Ru de Kim Thúy）

5) Par les soirs bleus d'été, j'irai dans les sentiers,
　　Picoté par les blés, fouler l'herbe menue :
　　Rêveur, j'en sentirai la fraîcheur à mes pieds.
　　Je laisserai le vent baigner ma tête nue.
　　Je ne parlerai pas, je ne penserai rien :
　　Mais l'amour infini me montera dans l'âme,
　　Et j'irai loin, bien loin, comme un bohémien,
　　Par la nature, heureux comme avec une femme.　　　　　（Arthur Rimbaud）

6) C'était un pays (la France) livresque par essence, un pays composé de mots, dont les fleuves ruisselaient comme des strophes, dont les femmes pleuraient en alexandrins et les hommes s'affrontaient en sirventès […] La France se confondait pour nous avec sa littérature. Et la vraie littérature était cette magie dont un mot, une strophe, un verset nous transportaient dans un éternel instant de beauté.　　　　　　（Andreï Makine）

Leçon 11 ✧

Si ces dispositions **venaient** à disparaître comme elles sont apparues..., — alors on peut bien parier que l'homme **s'effacerait**, comme à la limite de la mer un visage de sable.　　　　　　　　　　Michel Foucault, *Les Mots et les choses*

もしもこうした（知の）配置が，現れたのと同じように消えゆくことにでもなれば…，──そのときこそ賭けてもいい，波打ち際に砂で描いた顔のように，人間は消え去るだろうと．

ミシェル・フーコー『言葉と物』

20世紀後半のフランスを代表する哲学者フーコーを一躍有名にした『言葉と物』の最後に出てくる文です．「Si 半過去，条件法現在」というこの課で学習する構文によって，もし19世紀以来の知の構造が消滅するなら，それが作り出した「人間」という概念もまた消滅するだろうと言っています．条件法は，現実に反した仮定のもとで推測や判断を表す叙法です．

1. 条件法の活用形　La conjugaison du conditionnel

1) 条件法現在

語幹は単純未来の語幹と同じである（10課参照）．活用語尾はr＋半過去の語尾でつくる．

aimer		finir	
j'aime**rais** [ʀɛ]	nous aime**rions** [ʀjõ]	je fini**rais**	nous fini**rions**
tu aime**rais** [ʀɛ]	vous aime**riez** [ʀje]	tu fini**rais**	vous fini**riez**
il / elle aime**rait** [ʀɛ]	ils / elles aime**raient** [ʀɛ]	il / elle fini**rait**	ils / elles fini**raient**

単純未来で特殊な語幹をもつ動詞は条件法でも同じ語幹をとる．

avoir → j'**au**rais 　　　 être → je **se**rais 　　　 aller → j'**i**rais 　　　 venir → je **viend**rais

faire → je **fe**rais 　　　 voir → je **ver**rais 　　　 pouvoir → je **pour**rais

savoir → je **sau**rais 　　 vouloir → je **voud**rais 　 falloir → il **faud**rait

2) 条件法過去

条件法過去は助動詞の条件法現在と過去分詞でつくる．

aimer		aller	
j'**aurais aimé**	nous **aurions aimé**	je **serais allé(e)**	nous **serions allé(e)s**
tu **aurais aimé**	vous **auriez aimé**	tu **serais allé(e)**	vous **seriez allé(e)(s)**
il / elle **aurait aimé**	ils / elles **auraient aimé**	il **serait allé**	ils **seraient allés**
		elle **serait allée**	elles **seraient allées**

> êtreとavoirの選択，êtreをつかった場合に過去分詞を主語に性数一致させる必要がある点は複合過去や大過去，前未来と同じである．

2. 条件法の用法　Les emplois du conditionnel

条件法の用法は叙法的用法と時制的用法に分かれる．ここでは叙法的用法を学ぶ．

> 時制的用法については文法コラム「叙法と時制の見取り図」および「13課 中級に向けて」の「話法」参照．

1) 反事実的条件文

ある仮定の下での，事実に反することがらを表す．このとき，現在の事実に反する場合と過去の事実に反する場合で条件法現在と条件法過去をつかい分ける．

条件	帰結	意味
Si＋現在	単純未来	想定される未来
Si＋半過去	条件法現在	現在の事実に反すること
Si＋大過去	条件法過去	過去の事実に反すること

> 英語の仮定法でもIf+過去形なら現在の事実に反する条件，If+過去完了なら過去の事実に反する条件を表すのと同じである．

S'il y a plus de monde que d'habitude, il faudra réserver une autre salle plus grande.

いつもより人が多いなら，別の大きな部屋を予約しなければならないだろう．

Si j'avais plus d'argent, je pourrais employer un avocat.

cf. Parce que je n'ai pas assez d'argent, je ne peux pas employer d'avocat.

もっとお金があったら，弁護士に頼めるのになぁ．

Si nous avions été en France à ce moment-là, nous aurions pu voir un ballet de Béjart.

cf. Parce que nous n'avons pas été en France à ce moment-là, nous n'avons pas pu voir de ballet de Béjart.

私たちがあのときフランスにいたら，ベジャールのバレエを見ることができたのに．

条件はsiをつかった節だけではなく，前置詞やジェロンディフなどでも表すことができる．

En me servant d'un couteau de chef, je pourrais couper n'importe quoi.

料理人用の包丁をつかえば，何でも切れるのに．

Sans leur aide, mon projet n'aurait jamais vu le jour.

彼らの助けがなかったら，私のプロジェクトは日の目を見ることはなかったでしょう．

Un mois plus tôt, Marius aurait pu accepter cette demande.

1か月早ければ，マリウスはその依頼を受けられただろう．

2) 条件を明示しない用法

条件法は断定を避けた推測的判断や伝聞を表すときにもつかわれる．また，aimer, vouloir, devoir, désirer, pouvoir などを条件法にすることで婉曲表現・語気緩和としてつかうこともできる．

Je voudrais avoir des renseignements sur l'inscription.

登録についての情報を知りたいんですが．

Selon le secrétariat, les horaires pourraient changer.

教務掛によると，時間割は変わるかもしれないそうだ．

Tout le monde est en retard...il y aurait eu une perturbation dans le métro.

みんな遅れている…メトロで乱れがあったのかもしれない．

自分の後悔や他人に対する批判を表すことも多い．

Tu aurais pu dire bonjour au moins !　　せめて挨拶くらいできたでしょうに．

J'aurais dû remarquer que ma carte de crédit avait expiré.

クレジットカードが切れていることに気づくべきだった．

 → Exercice 1, 2

65

3. 知覚動詞　Les verbes de perception

見る（voir, regarder），聞く（entendre, écouter），感じる（sentir）などの知覚を表す動詞は，直接補語を意味上の主語とする動詞の不定形とともにつかうことができる．基本の語順は直接補語・不定形の順だが，逆のこともある．

Ça fait du bien de voir le soleil se lever.　（＝Ça fait du bien de voir se lever le soleil.）
　　　　　太陽が昇るのを見るのは気持ちいい．

Gaspard a écouté Léonie jouer du violon.　（cf. Il l'a écoutée jouer du violon.）
　　　　　ガスパールはレオニーがバイオリンを弾くのを聞いた．

On entend la cloche de l'église sonner à plusieurs reprises.　　教会の鐘が何度も鳴るのが聞こえる．

Exercices

1. 括弧内の動詞を直説法半過去または条件法現在に活用させなさい．

1) Je (vouloir) réserver une table pour deux personnes pour vendredi.
2) À ta place, ils (partir) tout de suite.
3) (pouvoir)-vous m'indiquer l'heure du prochain départ ?
4) S'il (être) plus gentil, je ne le (quitter) pas.
5) Les passions peuvent me conduire, mais elles ne (savoir) m'aveugler.
　　　　　　　　　　　　　（Madame de La Fayette, *La Princesse de Clèves*）

2. 括弧内の動詞を直説法大過去または条件法過去に活用させなさい．

1) Tu (pouvoir) nous le dire.
2) Il (préférer) avoir un peu plus de temps libre.
3) Si elle (être) une vraie amie, elle lui (dire) la vérité.
4) Si je (ne pas partir) aussi vite, je (ne pas oublier) mes clés.
5) En réagissant une semaine plus tôt, nous (pouvoir) éviter cette situation.
　 On (devoir) réagir plus vite.

Thème

1) もし空が飛べたなら，もし翼があったなら，飛んでいこう，どこまでも，今すぐに，永遠の故郷を探すため．　　　　　　　　（五木寛之作詞「もし翼があったなら」より）
2) ―デュポンさんに会いたいのですが，2時に会う約束をしているんです．
　 ―さきほど出かけるのを見ました．会う約束のことを忘れたのかもしれませんね（条件法過去）．申し訳ないです．

　　語彙：1) 飛ぶvoler, 翼aile（f. ここでは複数形でつかう），どこまでも＝世界の果てまでjusqu'au bout du monde　2) 〜のことを申し訳なく思うêtre désolé(e) de〜．

66

発展

フランス語の好まれる言い回し

フランス語では，不定冠詞のついた名詞句を主語にすることは非常に珍しく，話しことばではまずつかわれない．

Un homme est venu me voir.　　　　　　ある人が私に会いに来た．

文法的には決して間違いではないが，会話に un homme がはじめて現れるときであれば il y a から文をはじめる．つまり，新しい情報は文の主語にしにくいのである．

Il y a un homme qui est venu me voir.　　ある人が私に会いに来た．

この傾向は他の名詞句にもあてはまり，特に話しことばでは文の主語を代名詞にしようとする傾向が強い．そのため，文の冒頭に名詞句を置き，それを代名詞で受け直すことが多い．

Ma femme, elle travaille dans une agence de voyage.　　私の妻は旅行代理店で働いている．
Le problème, ce sont les réunions qui durent toujours trop longtemps.
　　　　　　　　　　　　　　　　問題はいつも長引く会議だ．

文は大きく主語と述語に分けられ，ふつう，主語は「それについて話すもの(＝主題)」であり，既に分かっているものがなるのに対し，述語が新しい情報を伝える．il y a のような提示表現や文頭に置かれた名詞は，分かっていないものを会話に導入するためのよくつかわれる方略である．

Version　　　　　　　　　　　　　　　　　　　　　　　DL 81

1) Si j'étais Dieu, je serais peut-être le seul à ne pas croire en moi.　　（Serge Gainsbourg）

2) Il faudrait essayer d'être heureux, ne serait-ce que pour donner l'exemple.

　　　　　　　　　　　　　　　　　　　　　　　　　（Jacques Prévert）

3) Si je m'arrêtais d'agir, d'étudier, de chercher, alors, malheur à moi, je serais perdu. Je serais très heureux si tu ne me voyais point tout simplement comme une sorte de fainéant.

　　　　　　　　　　　　　　　　　　　　　　　　　（Vincent van Gogh）

4) Le fait d'être habité par une nostalgie incompréhensible serait tout de même le signe qu'il y a un ailleurs.　　　　　　　　　　　　　　　　　（Eugène Ionesco）

5) Nous aurions souvent honte de nos plus belles actions si le monde voyait tous les motifs qui les produisent.　　　　　　　　　　　　　　　　（La Rochefoucauld）

6) Encore enfant, je devinais que ce sourire très singulier représentait pour chaque femme une étrange petite victoire. Oui, une éphémère revanche sur les espoirs déçus, sur la grossièreté des hommes, sur la rareté des choses belles et vraies de ce monde. Si j'avais su le dire, à l'époque, j'aurais appelé cette façon de sourire "féminité"... Mais la langue était alors trop concrète. Je me contentais d'examiner, dans nos albums de photos, les visages féminins et de retrouver ce reflet de beauté sur certains d'entre eux.　　　　（Andreï Makine）

叙法と時制の見取り図

　叙法とは，話す内容をどのようなものとして提示しようとするのかという，話し手の態度の現れである．フランス語には直説法，命令法，条件法，接続法という叙法がある．

　直説法をつかうと，客観的な事実はどうであれ，話し手が話す内容に対して「それが真実だ」という断定的な判断を下していると考えられる．

　　　Il réussit à l'examen.　　　彼は試験に成功する．

　この文は「彼は成功する」という直説法での言い切りになっているので，「話し手は確実に成功すると信じているんだな」ということが分かる．

　主節でつかわれることの多い直説法に対し，接続法は基本的に従属節でつかわれるものであり，話す内容を断定していないと考えられる．

　　　Je souhaite qu'il réussisse à l'examen.　　　彼が試験に成功することを願っている．

　人は自由に何かを願うことはできるが，不確定な内容を事実として断定することはできない．もし現在の行動から成功する可能性が高いと判断を下すのであれば，主節の動詞も変わり，直説法が現れる．

　　　J'espère qu'il réussit / réussira à l'examen.　　　彼が試験に成功する／成功するだろうと期待している．

　従属節で表される内容によって感情的な反応が起こる場合にも，従属節の内容は断定しようとする内容ではなく，既定事実に過ぎない．そのため，接続法がつかわれる．

　　　Je suis heureux qu'il ait réussi à l'examen.　　　彼が試験に成功して嬉しい．

　条件法には大きく分けて2つの用法がある．1つは極めて叙法的であり，「ある仮定のもとであれば，こんなことが起こるだろう」という推測的判断を表す．

　　　S'il travaillait plus, il réussirait à l'examen.　　　もっと勉強すれば，彼は試験に成功するだろう．
　　　S'il avait travaillé plus, il aurait réussi à l'examen.
　　　　　　　　もっと勉強していれば，彼は試験に成功しただろうに．

　条件法には「過去のある時点から見た未来」という，時制としての用法もある．

　　　J'espérais qu'il réussirait à l'examen.　　　彼が試験に成功すると期待していた．

　「期待していた」のは過去のある時点であり，そこからみて「成功するだろう」という出来事は未来に位置する．条件法と同じ形をしているが，「直説法過去未来」ともいえる用法である．

　命令法は話し手が聞き手(tu, vous)または聞き手と話し手を含む集団(つまりnous)に対してはたらきかけを行う．未実現の出来事の実現を直接的に願う叙法である．

　　　{Réussis / Réussissez / Réussissons} à l'examen !　　　試験に成功{しろ／してください／しよう}．

　3人称にはたらきかけることはできない．3人称に対する命令に近いものは「雨よ，降れ」や「神の御加護がありますように」のような祈りである．言語によっては「希求法」と呼ばれたり，英語であればmayをつかった「祈願文」と呼ばれたりもするが，フランス語ではこのとき，断定していない内容をそのまま言い放つ形，つまり接続法を独立節でつかう．

　　　Qu'il réussisse à l'examen !　　　彼が試験に合格しますように！

　以上の4つの法それぞれに時制があり，時制は単純時制と複合時制に分けられる．それぞれ時制と呼ばれてはいるが，単純時制は「未完了」，複合時制は「完了」を表すという違いがある．

	単純時制（未完了）	複合時制（完了）
直説法	現在	複合過去
	半過去	大過去
	単純未来	前未来
	単純過去	前過去
条件法	現在（／過去未来）	過去（／過去前未来）
接続法	現在	過去
	半過去	大過去
命令法	現在	過去

> 完了と未完了の違いは「現在」や「過去」といった時制の違いではない.

> 単純過去, 前過去, 接続法半過去および接続法大過去については「13課 中級に向けて」で説明する.

> 「命令法」で表される出来事は必然的に未来において生じるので,「命令法過去」は理解しにくいネーミングかもしれない. 命令法過去とは,「あるときまでにしてしまいなさい」という命令であり, 前未来の命令である.

　単純時制は活用形で表し, 複合時制は助動詞êtreまたはavoirと本動詞の過去分詞でつくる. 複合過去であれば助動詞は現在形, 大過去であれば半過去形のように, 助動詞は必ず対応する単純時制の活用になる. 動詞ごとに決まっているêtreとavoirのつかい分けも一貫している.

　直説法の中でもje t'aime（現在, 君を愛している）は現在の状態であり, je t'aimais（半過去, 君を愛していた）やje t'aimerai（単純未来, 君を愛するだろう）はそれぞれ過去の状態, 未来の状態を表す. これらを複合時制にするとje t'ai aimé（複合過去, 君を愛した（が, 今はそうではない））, je t'avais aimé（大過去, 君を愛した（が, そのときにはそうではなくなっていた））, je t'aurai aimé（単純未来, 今はそうではないが）あなたを愛することになるだろう）という完了形ができ, 現在, 過去, 未来のある時点から見て完了的な意味を表すことになる. 完了／未完了の区別と時制を切り離して考えることが必要である.

　接続法は従属節でつかうことが一般的であり, 主節の時制に従属する. 従属節内の出来事が完了していなければ接続法現在であり, 完了していれば接続法過去となる.

　　Je suis heureux qu'elle soit avec moi.　　　　彼女が一緒にいてくれて嬉しい.
　　Je suis heureux qu'elle soit arrivée à l'heure.　彼女が時間通りにきて嬉しい.

　このとき, 基準となる主節の時制が過去になれば, 接続法半過去, 接続法大過去がつかわれる.

　　J'étais heureux qu'elle fût avec moi.　　　　彼女が一緒にいてくれて嬉しかった.
　　J'étais heureux qu'elle fût arrivée à l'heure.　彼女が時間通りにきて嬉しかった.

ただし, 接続法半過去, 大過去は現在ではあまりつかわれないため, このような一般的な内容の文につかうと少々奇妙になる.

　条件法の時制的なつかい方をするとき, 同様の時制の図式があてはまる. Je croyais qu'il réussirait à l'examen（彼が試験に成功すると思っていた）は試験の結果が出る前の話し手の思いだが, 過去のある時点から見た未来において試験の結果が出ているのであれば条件法過去（条件法過去前未来）が現れる.

　　Je croyais qu'il aurait réussi à l'examen avant son départ en Europe.
　　　　　　　　　ヨーロッパへの出発前に試験に合格するだろうと思っていた.

　叙法を理解する鍵は「どのように表現しようとするか」という話し手の意図を理解する点にあり, 時制を理解するには「現在・過去・未来」と「完了・未完了」を区別する考え方が必要である.

Leçon 12 ～❦～

Pour qu'on ne puisse abuser du pouvoir, il faut que, par la disposition des choses, le pouvoir arrête le pouvoir.　　　　　　Montesquieu, *De l'Esprit des lois*

権力の濫用ができないようにするためには，物事をうまく配置することによって権力が権力を抑制しなければならない.　　　　　　　　　　　　　モンテスキュー『法の精神』

三権分立の基礎をつくった『法の精神』の一節です.　目的を表す接続詞句 pour que の中では pouvoir の接続法現在 puisse がつかわれています.　義務・必要性を表す il faut que の中にある動詞 arrête も形は直説法現在と同じですが，接続法現在です.　出来事の真実性を積極的に認めて時間軸に定位するのが直説法であるのに対し，接続法はそのような判断を表さずに，特定の表現に結びついて意味をつくる叙法です.

1. 接続法の活用形　La conjugaison du subjonctif　　DL 83

1) 接続法現在

語幹は直説法現在3人称複数の語幹と同じである.　語尾は être と avoir を除き，すべての動詞に共通している.

aimer		finir		prendre	
j'aime	nous aimions	je finisse	nous finissions	je prenne	nous prenions
tu aimes	vous aimiez	tu finisses	vous finissiez	tu prennes	vous preniez
il / elle aime	ils / elles aiment	il / elle finisse	ils / elles finissent	il / elle prenne	ils / elles prennent

> 直説法現在で3人称複数の語幹と1・2人称複数の語幹が異なるとき（prennent と prenons/prenez，viennent と venons/venez など），接続法現在でも1・2人称複数ではその語幹をつかう.　ただし pouvoir は例外である.

不規則な être と avoir は命令法とよく似た活用形をもつ.

être		avoir	
je sois	nous soyons	j'aie	nous ayons
tu sois	vous soyez	tu aies	vous ayez
il / elle soit	ils / elles soient	il / elle ait	ils / elles aient

特殊な語幹をもつ代表的な動詞

savoir	je sache, nous sachions	faire	je fasse, nous fassions
pouvoir	je puisse, nous puissions		
aller	j'aille, nous allions	vouloir	je veuille, nous voulions

2) 接続法過去

接続法過去は助動詞の接続法現在＋過去分詞からつくり，基準となる時間よりも前に出来事が完了していることを表す．

> être と avoir の選択，être をつかった場合に過去分詞を主語に性数一致させる必要がある点はその他の複合時制と同じである．

faire

j'**aie fait**	nous **ayons fait**
tu **aies fait**	vous **ayez fait**
il / elle **ait fait**	ils / elles **aient fait**

sortir

je **sois sorti(e)**	nous **soyons sorti(e)s**
tu **sois sorti(e)**	vous **soyez sorti(e)(s)**
il **soit sorti**	ils **soient sortis**
elle **soit sortie**	elles **soient sorties**

Je veux que tu *rentres* aussi tôt que possible.
　　　　　　できるだけ早く帰ってきてほしい．

Je veux que tu *sois rentré* avant minuit.
　　　　　　深夜になる前には帰ってきていてほしい．

> 基準となる時間に完了しているか完了していないかの違いで接続法過去と接続法現在をつかいわける．

2. 接続法の用法　Les emplois du subjonctif

接続法は特定の動詞や接続詞が導く従属節でつかわれる．

1) 主節が意思，希望，義務，疑惑，感情的反応などを表すとき

Il faut que tu *fasses* la vaisselle après le repas.
　　　　　　食事の後は食器を洗わないといけないよ．

On *souhaite que* les étudiants *soient* plus nombreux.
　　　　　　学生がもっとたくさんいることを望んでいる．

Nous *doutons que* ce médicament *soit* vraiment efficace.
　　　　　　この薬に本当に効果があるかどうか私たちは疑っている．

Je *suis triste que* nous *nous soyons éloignés*.
　　　　　　私たちが離ればなれになって悲しい．

> 希望を表すもう1つの代表的な動詞 espérer は従属節の中で直説法をつかう．
> On espère que les étudiants sont plus nombreux. (*cf.* wish vs. hope).

> 感情的反応の場合，従属節はその原因を表す．

2) 主節が思考・判断を表す表現の否定形であるとき

Je *ne crois pas qu'*il *dise* la vérité.　彼がほんとうのことを言っているとは思わない．
(*cf.* Je crois qu'il dit la vérité.　彼がほんとうのことを言っていると思う．)
Hugo *n'est pas sûr que* son cadeau *plaise* à son amie.
　　　　　　　　ユゴーは彼女がプレゼントを気に入るか確信がない．
(*cf.* Hugo est sûr que son cadeau plaît à son amie.　ユゴーは彼女がプレゼントを気に入ると確信している．)

3) 目的や譲歩を表す接続詞句のあと

Remplissez le document *pour qu'*on *puisse* procéder aux formalités.　手続きに取りかかれるように書類に記入してください．
Il faut essayer, *bien qu'*il y *ait* des difficultés.
　　　　　　難しいところはあるけれど挑戦しなければならない．
Tu peux partir, *à moins que* tu *veuilles* rester avec nous.
　　　　　　行っていいよ，私たちと一緒にいたいなら別だけれど．

> 譲歩を表す bien que の中では接続法がつかわれ，ほぼ同じ意味だが alors que の中では直説法である．

> その他，目的を表すときには afin que, 譲歩を表すときには quoique, sans que, malgré que などもよくつかわれる．

4) 出来事の未実現を表す接続詞句のあと

Rentrons **avant que** le bébé **fasse** sa sieste.　　赤ちゃんがお昼寝する前に帰ろう.

(*cf.* Rentrons après que le bébé aura fait sa sieste.　赤ちゃんがお昼寝したら帰ろう.)

Battez les œufs avec le sucre **jusqu'à ce que** le mélange **blanchisse**.

　　　　　　　　　　卵に砂糖を加え, 混ぜたものが白くなるまで泡立ててください.

5) 主節が確実性の低い推量や可能性を表すとき

Il semble que tu **aies** raison.　　君が正しいのかもしれない.

(*cf.* Il me semble que tu as raison.　私には君が正しいと思える)

Il est possible que notre proposition **soit** adoptée.

　　　　　　　私たちの提案が採用されるかもしれない.

(*cf.* Il est probable que notre proposition sera adoptée.　　私たちの提案が採用されそうだ)

> sembler をつかうとき, 判断主体が示されると que 以下がその主体の判断として直説法がつかわれる. probable は possible より高い可能性を表す.

6) 最上級や, seul, unique など, 唯一性を表す形容詞がつかわれた名詞にかかる関係節

C'est **la meilleure** opportunité qu'on **ait eue** jusqu'à présent.　今までに得られた最良の機会だ.

L'homme est le **seul** animal qui **fasse** du feu.　ヒトは火を起こす唯一の動物である.

不定冠詞がついた名詞にかかる関係節でつかわれることもある.

J'**ai** une voiture qui peut rouler 100 km avec 5 litres d'essence.

　　　　　5リットルのガソリンで100km走れる車を持っている.

Je **cherche** une voiture qui **puisse** rouler 100 km avec 5 litres d'essence.

　　　　　5リットルのガソリンで100km走れるような車を探している.

> avoir をつかうためには車は実在していなければならないのに対し, chercher の場合は特定の個体が念頭にあってもなくてもよい.

7) Que 節だけで願望・命令を表すとき.

Qu'il **repose** en paix.　　安らかに眠りたまえ.

Que personne ne **bouge** !　誰も動くな.

定型表現では que がつかわれないこともある.

Advienne que pourra !　　なるようになれ.

Soit un cerveau dans une cuve.　水槽の中に脳があるとしよう.

 Exercice 1, 2, 3

Exercices

1. 次の語句を組み合わせて, 各人称を主語とした接続法現在の文を6通りつくりなさい.

Il faut que Il vaut mieux que Il est curieux que Il est nécessaire que Je regrette que Nous voulons que	+	je tu il / elle nous vous ils / elles	+	venir à l'heure, être plus prudent, faire attention, prendre l'avion, se revoir, dire la vérité, partir en vacances, se reposer un peu, être en colère

否定形でつかってもよい.

2. 日本語の内容に合うように括弧内の動詞を接続法現在または過去に活用させなさい.

1）Mia est surprise que son frère（vouloir）s'installer à la campagne.
    　　　ミアは弟が田舎に移住したがっていることに驚いている.

2）C'est dommage que vous（ne pas arriver）à l'heure.
    　　　あなたたちが時間に間に合わなかったのは残念です.

3）Je trouve incroyable que notre équipe（gagner）deux fois de suite.
    　　　私たちのチームが2回続けて勝ったのは驚くべきことだと思う.

4）Thomas parle haut pour que tout le monde l'（entendre）bien.
    　　　トマはみんながよく聞こえるように大きな声で話す.

3. 括弧内の動詞を直説法現在または接続法現在に活用させなさい.

1）J'espère que vous（aller）bien.
2）Je veux que tout（être）prêt à dix heures.
3）Ça m'étonnerait qu'il（avoir）un complice.
4）Elle est sûre que tu（connaître）cet auteur.
5）Vous pensez que nous（avoir）tort ?
6）Il doute que tu（partir）avec nous.
7）Je ne pense pas qu'ils（être）en retard.
8）C'est le meilleur choix que vous（pouvoir）faire.

Thème

1）── ファッションに興味があるなら君は絶対フランスに行くべきですよ（Il faut que をつかう）. フラン
　　ス料理が嫌いなら別だけど（à moins que をつかう）
　　── いや，フランス料理は好きなんだけど，フランス語が苦手でね.
　　── じゃあこの教科書で勉強してみてはどうですか. 一年で文法は全部学べるように（pour que をつか
　　う）作ってありますよ.

2）── なんてすばらしい絵なんだろう！これまで見た最も美しい絵です（最上級，関係代名詞をつかう）
　　── でも，何が描いてあるんですか. わたしにはわからない.
　　── そんなことどうでも良いことですよ. もっとも大事なのは感動するかどうかですよ.

　　語彙：1）ファッション mode（f），絶対 absolument，〜が苦手 ne pas être fort(e) en〜，教科書
　　　　　manuel（m） 2）（絵などが）〜を表現する représenter，感動する être ému(e)，もっとも大
　　　　　事なのは〜だ l'essentiel est que〜

発展

1. 話し手による接続法と直説法のつかい分け

　dire, croire, être sûr のような発言や思考を表す動詞が疑問文
でつかわれたとき，2-2）で説明したように，肯定文では直説法，
否定文では接続法がつかわれることが多い.

> この場合の発言動詞 dire は「言う」と
> いう文字通りの行為ではなく，むし
> ろ「意味する」という意味である.

　Je crois que son histoire **est** fausse. 　　　彼（女）の話は間違っていると思う.
　Je ne crois pas que son histoire **soit** fausse. 　彼（女）の話が間違っているとは思わない.
　C'est possible, et je dis que c'**est** facile en plus. 　可能だし，その上簡単だと言っている.

C'est possible, mais je ne dis pas que cela **soit** facile. 　可能だけれど簡単とは言っていない.

　疑問文では直説法と接続法の両方が可能であり, 叙法のつかい分けで話し手が従属節の内容をどのように捉えているのかが分かることがある.

Croyez-vous que son histoire {est / soit} fausse ?
Dites-vous que {c'est / cela soit} facile ?

　直説法をつかうと話し手がque以下の内容を真実だと判断しており, それに対する聞き手の態度を問うための疑問文になっていると理解できる. 接続法ではque以下の内容に対する判断を聞き手に委ねていると理解される.

2. 虚辞

　接続法を要求する動詞や接続詞のうち, 危惧を表すcraindre, redouter, avoir peurが肯定文でつかわれるときや, douterやnierが否定文でつかわれるとき, または未然を表すavant que, sans queの従属節では, 実質的な否定の意味は表さないneがつかわれることがある. これは虚辞のneとよばれる.

Je crains qu'il **ne** vienne.
　　　　彼が来るのではないかと恐れている.
Le maire a été réélu sans qu'il **n'**y ait de candidats.
　　　　候補者がいないまま市長は再選された.
Je ne nie pas que Poulenc **ne** soit un grand compositeur français.
　　　　プーランクが偉大なフランスの作曲家であることを否定してはいない.

　また比較構文においてqueで導入される比較対象が節であるときにも虚辞のneがつかわれることがある.

> 比較構文のque vous ne（le）croyez 「あなたが思うより」はセットでつかわれる定型表現のようになっている.

Elle est beaucoup plus sérieuse que vous **ne** le croyez.
　　　　彼女はあなたが思っているよりずっと真面目です.

Version　　　　　　　　　　　　　　　　　　　　　　　　DL 87

1) La France est un pays qui adore changer de gouvernement à condition que ce soit toujours le même. 　　　　　　　　　　　　　　　　　　　　（Honoré de Balzac）
2) Le moins que l'on puisse demander à une sculpture, c'est qu'elle ne bouge pas.
　　　　　　　　　　　　　　　　　　　　　　　　　　　　　　（Salvador Dali）
3) Parmi tous les phénomènes, [le feu] est vraiment le seul qui puisse recevoir aussi nettement les deux valorisations contraires : le bien et le mal. Il brille au Paradis. Il brûle à l'Enfer. 　　　　　　　　　　　　　　　　　　　　　（Gaston Bachelard）
4) Que je vive obscur, ignoré, oublié, proche de celle que j'aime, jamais je ne lui causerai la moindre peine, et près d'elle, le chagrin n'osera pas approcher de moi. 　（Denis Diderot）
5) Depuis l'origine des choses jusqu'au quinzième siècle de l'ère chrétienne inclusivement, l'architecture est le grand-livre de l'humanité, l'expression principale de l'homme à ses divers états de développement, soit comme force, soit comme intelligence. 　（Victor Hugo）
6) Ce n'est point nécessité qu'il y ait du sang et des morts dans une tragédie ; il suffit que l'action en soit grande, que les acteurs en soient héroïques, que les passions y soient excitées, et que tout s'y ressente de cette tristesse majestueuse qui fait tout le plaisir de la tragédie. 　　　　　　　　　　　　　　　　　　　　　　　　　　（Jean Racine）

動詞の活用形

　フランス語の動詞の活用は複雑で捉えどころがないように見えるかもしれない．しかし，不規則に見える活用形の中にも一定の規則性はある．

　不定形の語尾は4種類であり，–er, –ir, –oir, –re のいずれかである．–er のほとんどが規則動詞第1グループであり（過去分詞は–é），–ir の大半が第2グループである（過去分詞は–i）．–oir と–re のすべてと，–er と–ir の一部が不規則動詞であり，過去分詞の語尾も–s, –t, –u, –i のいずれかとなる．

　直説法現在，接続法現在，命令法の語尾はすべての動詞で共通している．一部の不規則動詞を除いて直説法と命令法の語幹は同じであり，接続法の語幹は特殊な動詞を除き，直説法現在3人称複数形からつくることができる．

	直・現在		接・現在	命令法
je	–e	–s	–e	
tu	–es	–s	–es	–e/–s
il	–e	–t	–e	
nous	–ons		–ions	–ons
vous	–ez		–iez	–ez
ils	–ent		–ent	

- この表の原則は語幹と語尾が整然と分けられる動詞すべてにあてはまるが，être, avoir, aller だけは語幹と語尾の区別自体が難しく，例外となる．
- 単数の活用形が–s, –s, –t 型の動詞のうち，il attend, il convainc のように d や c で終わるときに t は書かない．また，–s, –s, –t 型には–x, –x, –t という綴り字上の変異形がある．je veux, il veut のような型である．
- 不規則動詞のうち，j'atteins, nous atteignons のように単数と複数で語幹が異なるものには注意が必要となる．

　半過去の語幹は直説法現在1人称複数から–ons を除いた部分であり，唯一の例外は être である（語幹は ét–）．語尾は覚える必要があるが，すべての動詞に共通している．

	je	tu	il	nous	vous	ils
直・半過去	–ais	–ais	–ait	–ions	–iez	–aient

現在分詞	–ant

現在分詞も半過去と同じ語幹からつくることができ，語尾を–ant にする．ただし，avoir と savoir のみ ayant, sachant という特殊な形を持っている．

　規則動詞の単純未来形の語幹は不定形または直説法現在1人称単数からつくることができる．不規則動詞の語幹は個別に覚える必要がある．語尾はすべての動詞に共通しており，r + avoir の直説法現在である（avons と avez の av– は除く）．条件法現在は単純未来の語幹と r + 半過去の語尾からなる．単純未来と条件法は語幹が共通しているため，語尾で区別する必要がある．

	je	tu	il	nous	vous	ils
単純未来	–rai	–ras	–ra	–rons	–rez	–ront
条・現在	–rais	–rais	–rait	–rions	–riez	–raient

語尾の形は法・人称・数・時制を表し，一部の例外を除いてすべての動詞に共通している．語尾を除けば，不規則動詞について個別に覚えるべき項目は（1）直説法現在の単数形と複数形の語幹，（2）過去分詞の形，（3）命令法・接続法と単純未来の語幹，という3点に絞られる．

Leçon 13 ◦◦◦◦

中級に向けて

　ここでは，初級文法に含まれる事項のうち，より細かな説明を必要とするもの（§1 使役構文の時制の一致）や複数の時制が関係するもの（§2 話法）を扱う．また，書きことばに親しむためには必須となる時制（§3 単純過去と前過去，§4 接続法半過去と大過去）を含めている．

1．使役構文の時制　Le temps dans les constructions factitives

　使役構文では faire や laisser を変化させて時制を変える．不定詞は変化しない．

（単純未来）　Après le déménagement, je **laisserai** courir mon chien dans le jardin.
引っ越したら，犬は庭で自由にさせるだろう．

（半過去）　Avant de venir à Tokyo, je **laissais** courir mon chien dans le jardin.
東京に来る前は，犬は庭で自由にさせておいた．

（条件法）　Si j'avais une maison en banlieue, je **laisserais** courir mon chien dans le jardin.
郊外に家があったら，犬は庭で自由にさせるだろう．

　使役構文では，不定詞の意味上の主語を直接補語人称代名詞で表すことがある．このとき，複合時制であっても直接補語と過去分詞 fait, laissé は性数一致しない．

Omar a fait rire Irène. → Omar l'a **fait** rire.
オマールはイレーヌを笑わせた．（イレーヌは女性の名前）

（*cf.* Omar a fait la décoration intérieure lui-même.
→ Omar l'a fait**e** lui-même.　オマールは内装を自分でした．）

Les parents ont laissé partir leurs filles.
→ Ils les ont **laissé** partir.　両親は娘たちが旅立つのを許した．

（*cf.* Les parents ont laissé les clés dans le tiroir. → Ils les ont laiss**ées** dans le tiroir.
両親は鍵を引き出しに置いておいた．）

> 7課では直接補語や直接補語の役割をする関係代名詞が過去分詞より前に出てくるときには性数一致が必要になると説明したが，これはその例外である．

2．話法　Les discours rapportés

1）直接話法と間接話法

　括弧（guillemets, « »）の中で発言をそのまま表現した文を直接話法といい，従属節（que など）に埋め込んだ文を間接話法という．

C'est génial !　　　　　　　　　（話した人が明示されていない）
Gilles a dit : « C'est génial ! »　（直接話法．ジルが話し手であり，話した内容をそのまま伝える）
Gilles a dit que c'était génial.　（間接話法．ジルが話したことを，この文の話し手／書き手の立場から伝える）

2）時制の一致

　直接話法と間接話法を変換するとき，主節の時制に合わせて従属節の時制を変える．これを時制の一致という．一致が起こるときの対応関係は次の通りである．

現在 ⇔ 半過去

Il a dit : « J'ai mal à la tête aujourd'hui. »　　　　彼は「今日は頭が痛い」と言った.
⇔ Il a dit qu'il avait mal à la tête ce jour-là.　　　　彼はその日, 頭が痛いと言った.

複合過去 ⇔ 大過去

Elle a dit : « J'ai acheté un ordinateur hier. »　　　　彼女は「昨日, パソコンを買った」と言った.
⇔ Elle a dit qu'elle avait acheté un ordinateur la veille.　　彼女は前の日にパソコンを買ったと言った.

単純未来 ⇔ 条件法現在(直説法過去未来)

Il a dit : « Je serai à Tokyo la semaine prochaine. »　　彼は「来週は東京にいます」と言った.
⇔ Il a dit qu'il serait à Tokyo la semaine suivante.　　彼は翌週には東京にいるだろうと言った.

前未来 ⇔ 条件法過去(直説法過去前未来)

Elle a dit : « J'aurai fini un article dans trois jours. »　彼女は「3日後に論文を書き終える」と言った.
⇔ Elle a dit qu'elle aurait fini un article trois jours plus tard.
　　　　　　　　　　　　　　　　　　　　彼女は3日後に論文を書き終えると言った.

話法を変換するときには人称や時間・場所の表現も変化させなければならない.

aujourd'hui 今日	⇔	ce jour-là その日	il y a ～ ～前	⇔	～avant ～前
hier 昨日	⇔	la veille, le jour précédent 前日,（その）前の日	dans ～ ～後	⇔	～après, ～plus tard ～後
demain 明日	⇔	le lendemain, le jour suivant 翌日, 次の日	maintenant 今	⇔	à ce moment-là そのとき
demain matin 明日の朝	⇔	le lendemain matin le lendemain au matin 翌日の朝	la semaine prochaine 来週	⇔	la semaine suivante 翌週, 次の週
ce mois 今月	⇔	ce mois-là その月	la semaine dernière 先週	⇔	la semaine précédente 前週, 前の週
cette année 今年	⇔	cette année-là その年	ici ここ	⇔	là そこ

　左側の表現は発話時, 右側の表現は発話時ではない時間を基準としている. 通常, 前置詞の後に名詞をおくが, avant と après は une semaine avant, un mois après のように期間を表す名詞を先におく.

→Exercice 1

3) 直接疑問文と間接疑問文
DL 90

　聞き手に直接たずねる形式を直接疑問文といい,「～かどうかを～にたずねる」のような形式を間接疑問文という. 時制の一致, 人称および時間・場所の表現の変換が必要となる.
　間接疑問文をつくるとき, oui/non で答えられる疑問文では接続詞siをつかい, 疑問詞を含む疑問文では疑問詞をそのままつかう. いずれの場合も倒置はしない.

Tu as compris ?　　　　　　　⇔　　Il m'a demandé si j'avais compris.
Quand viendras-tu au Japon ?　⇔　　Il m'a demandé quand je viendrais au Japon.
Où avez-vous rendez-vous ?　　⇔　　Il m'a demandé où j'avais rendez-vous.
Qui cherchez-vous ?　　　　　⇔　　Il m'a demandé qui je cherchais.
Qui a fait ça ?　　　　　　　　⇔　　Il m'a demandé qui avait fait ça.

ただし, 疑問代名詞が qu'est-ce que および qu'est-ce qui のときには ce que, ce qui をつかう.

Qu'est-ce que vous cherchez ? ⇔ Il m'a demandé ce que je cherchais.
Qu'est-ce qui se passe ? ⇔ Il m'a demandé ce qui se passait.

疑問詞が前置詞をともなって de qui, à quoi, avec qui などであるときや，lequel がつかわれるときにも同様に間接疑問文にすることができる．

De quoi s'agit-il dans ce livre ? ⇔ Il m'a demandé de quoi il s'agissait dans ce livre.
Avec qui es-tu sortie hier soir ? ⇔ Il m'a demandé avec qui j'étais sortie la veille au soir.
Auquel de ces plans vous intéressez-vous ? ⇔ Il m'a demandé auquel de ces plans je m'intéressais.

→ Exercice ②

4) 命令法の間接話法

命令法がつかわれた文も間接話法にすることができる．

Il m'a dit : « Restez ici. » ⇔ Il m'a dit de rester là.
Il m'a dit : « Restons ici. » ⇔ Il m'a proposé de rester là avec lui.

どのような口調で言ったかに応じて，ordonner（命令する），conseiller（助言する）なども間接話法でつかうことができる．

Exercices

1. 直接話法の文を間接話法に，間接話法の文を直接話法に書き換えなさい．

  1）La Cigale a avoué : « Je n'ai pas mangé depuis hier. »
  2）Météo France a prévu : « La neige se sera transformée en pluie demain. »
  3）Les témoins ont admis : « Nous n'avons rien vu de suspect aujourd'hui. »
  4）Le juge a déclaré : « La prochaine séance sera ouverte dans dix minutes. »
  5）Mes amis Claude et Dominique m'ont dit qu'ils avaient découvert un très beau quartier de la ville la semaine précédente.
  6）Ils ont ajouté qu'ils m'y amèneraient la semaine suivante quand j'aurais le temps.

2. 直接疑問文を間接疑問文に，間接疑問文を直接疑問文に書き換えなさい．

  1）Zélie m'a demandé : « Tu es fatigué ? »
  2）Le garçon nous a demandé : « Vous avez choisi ? »
  3）Le douanier a demandé à chaque passager : « D'où venez-vous ? Combien de temps allez-vous rester ? Pourquoi êtes-vous venu ? »
  4）Le docteur a demandé : « Qu'est-ce qui ne va pas ? »
  5）Mon fils m'a demandé : « À quoi servent les mathématiques ? »
  6）Jean-Pierre m'a demandé : « Qu'est-ce que tu feras demain ? »

3. 単純過去と前過去　Le passé simple et le passé antérieur

DL 91

1) 活用形

他の時制と異なり，3通りの活用語尾がある．1人称複数と2人称複数でアクサンを付ける必要があるのはすべての動詞に共通している．

> 語幹はすべての人称に共通しており，過去分詞と似ていることが多い．

	aimer		finir		savoir
j'aim**ai**	nous aim**âmes**	je fin**is**	nous fin**îmes**	je s**us**	nous s**ûmes**
tu aim**as**	vous aim**âtes**	tu fin**is**	vous fin**îtes**	tu s**us**	vous s**ûtes**
il / elle aim**a**	ils / elles aim**èrent**	il / elle fin**it**	ils / elles fin**irent**	il / elle s**ut**	ils / elles s**urent**

・aimer型：規則動詞第1グループおよびaller

・finir型：規則動詞第2グループ，partir, voir, entendre, prendre, faire, mettre, dire など

faire : je **fis**	tu **fis**	il/elle **fit**	nous **fîmes**	vous **fîtes**	ils/elles **firent**
voir : je **vis**	tu **vis**	il/elle **vit**	nous **vîmes**	vous **vîtes**	ils/elles **virent**

・savoir型：être, avoir, pouvoir, vouloir, devoir, vivre, mourir, croire など

être : je **fus**	tu **fus**	il/elle **fut**	nous **fûmes**	vous **fûtes**	ils/elles **furent**
avoir : j'**eus**	tu **eus**	il/elle **eut**	nous **eûmes**	vous **eûtes**	ils/elles **eurent**

ただし，venir，tenir およびこれらの派生語は語尾の最初が–in [ɛ̃] となる．

	venir
je **v**ins	nous **v**înmes
tu **v**ins	vous **v**întes
il / elle **v**int	ils / elles **v**inrent

2) 単純過去の用法

DL 92

単純過去と複合過去の共通点

　出来事をひとまとまりに捉え，完了したものとして表す．

単純過去と複合過去が異なる点

　複合過去：発話時を基準として完了した過去を表す．話しことばでも書きことばでもつかわれる．

　単純過去：発話時現在とは切り離された，客観的な過去を表す．書きことばでしかつかわれない．

「発話時現在から切り離された過去」とは，典型的には物語などのフィクションや歴史的記述における過去である．

Il s'approcha de la vieille chienne, s'accroupit, et, comme tous les matins, il lui frotta le dessus de la tête. Il la prit dans ses bras, la souleva et la ramena sur sa couverture.（Hubert Mingarelli）

　　彼は年老いた雌犬に近寄り，膝をつくと，毎朝そうしているように，その頭を撫でた．腕に抱き，抱え上げ，そして毛布の上に戻してやった．

Napoléon Bonaparte naquit le 15 août 1769, devint empereur du Premier Empire en 1804 et mourut en 1821.

　　ナポレオン・ボナパルトは1769年8月15日に生まれ，1804年に第一帝政の皇帝になり，1821年に死んだ．

Ensuite il ferma la porte, et s'alla coucher dans le lit de la Mère-grand, en attendant le Petit Chaperon rouge, qui quelques temps après vint heurter à la porte. Toc, toc.（Charles Perrault）

　　そうするとオオカミは扉を閉め，おばあちゃんのベッドにもぐりこみ，赤ずきんを待った．少しすると，赤ずきんが扉をノックしにやってきた．トントン．

> 単純過去がつかわれる順序は出来事が起きた順序と同じである．したがって，関係節の中でつかわれる単純過去は主節の単純過去より後の出来事を表す．

3) 前過去の活用形と用法

être または avoir の単純過去形と過去分詞でつくる.

faire		sortir	
j'**eus fait**	nous **eûmes fait**	je **fus sorti(e)**	nous **fûmes sorti(e)s**
tu **eus fait**	vous **eûtes fait**	tu **fus sorti(e)**	vous **fûtes sorti(e)(s)**
il/elle **eut fait**	ils/elles **eurent fait**	il **fut sorti**	ils **furent sortis**
		elle **fut sortie**	elles **furent sorties**

単純過去で表された過去の出来事の直前に起こった出来事を表し，quand や aussitôt que, dès que といった接続詞と一緒につかわれることが多い.

Dès qu'il **eut fini** de chanter, toute l'assemblée cria bravo.　　　（Dictionnaire de l'Académie）
　　彼が歌い終わると，集まった人々はみな快哉を叫んだ.

Quand il **fut monté** jusques à la Lune, et qu'il **eut jeté** les yeux sur ce beau jardin, un épanouissement de joie presque surnaturelle lui fit connoître que *c'étoit le Paradis terrestre où son grand-père* [Adam] *avoit* autrefois demeuré.　　　　　　　　（Cyrano de Bergerac）
　　彼が月まで昇ってこの美しい庭に目を投げかけたとき，たちまちにしてほとんど超自然的な忘我の喜びに
　　包まれ，これこそ祖父がかつて住んだ地上の楽園だと感じた.　　　　　　　　　　（赤木昭三訳）

> connoître, étoit, avoit はそれぞれ
> connaître, était, avait の古いつづり.

Version　　　　　　　　　　　　　　　　　　　　　　　　　　　DL 93

1) La cuisinière Ludivine apporta des masses de manteaux qu'on disposa sur les genoux, plus deux paniers qu'on dissimula sur les jambes ; puis elle grimpa sur le siège à côté du père Simon ; et s'enveloppa d'une grande couverture qui la coiffait entièrement.

　　　　　　　　　　　　　　　　　　　　　　　　　　　　　（Guy de Maupassant）

2) Désormais, nous parlions pour ne rien dire. Nous vîmes s'installer entre nous l'écran de ces mots lisses, de ces reflets sonores du quotidien, de ce liquide verbal dont on se sent obligé, on ne sait pourquoi de remplir le silence. Avec stupeur, je découvrais que parler était, en fait, la meilleure façon de taire l'essentiel. Alors que pour le dire, il aurait fallu articuler les mots d'une toute autre manière, les chuchoter, les tisser dans les bruits du soir, dans les rayons du couchant.　　　　　　　　　　　　　　　　　　　　　　　（Andreï Makine）

3) Ils s'achetèrent des instruments horticoles, puis un tas de choses « qui pourraient peut-être servir », telles qu'une boîte à outils (il en faut toujours dans une maison), ensuite des balances, une chaîne d'arpenteur, une baignoire en cas qu'ils ne fussent malades, un thermomètre et même un baromètre « système Gay-Lussac » pour des expériences de physique, si la fantaisie leur en prenait. Il ne serait pas mal, non plus (car on ne peut pas toujours travailler dehors), d'avoir quelques bons ouvrages de littérature, et ils en cherchèrent, fort embarrassés parfois de savoir si tel livre était vraiment « un livre de bibliothèque ».　　　　　　　　　　　　　　　　　　　　　　（Gustave Flaubert）

4) Micromégas, après avoir bien tourné, arriva dans le globe de Saturne. Quelque accoutumé qu'il fût à voir des choses nouvelles, il ne put d'abord, en voyant la petitesse du globe et de ses habitants, se défendre de ce sourire de supériorité qui échappe quelquefois aux plus sages. Car enfin Saturne n'est guère que neuf cents fois plus gros que la terre, et les citoyens de ce pays-là sont des nains qui n'ont que mille toises de haut ou environ. Il s'en moqua un

peu d'abord avec ses gens, à peu près comme un musicien italien se met à rire de la musique de Lully quand il vient en France. Mais comme le Sirien avait un bon esprit, il comprit bien vite qu'un être pensant peut fort bien n'être pas ridicule pour n'avoir que six mille pieds de haut. Il se familiarisa avec les Saturniens, après les avoir étonnés. （Voltaire）

4. 接続法半過去・大過去，条件法過去第2形　DL 94
Le subjonctif imparfait et plus-que-parfait, le conditionnel passé deuxième forme

1) 活用形
語幹は直説法単純過去の語幹と同じである．また，単純過去の語尾と同じように，語尾の最初の音に応じて3通りの活用語尾がある．3人称単数でアクサンが必要となる．

aimer		finir		savoir	
j'aim**asse**	nous aim**assions**	je fin**isse**	nous fin**issions**	je s**usse**	nous s**ussions**
tu aim**asses**	vous aim**assiez**	tu fin**isses**	vous fin**issiez**	tu s**usses**	vous s**ussiez**
il / elle aim**ât**	ils / elles aim**assent**	il / elle fin**ît**	ils / elles fin**issent**	il / elle s**ût**	ils / elles s**ussent**

接続法大過去はêtreまたはavoirの接続法半過去と過去分詞でつくる．

faire		sortir	
j'**eusse fait**	nous **eussions fait**	je **fusse sorti(e)**	nous **fussions sorti(e)s**
tu **eusses fait**	vous **eussiez fait**	tu **fusses sorti(e)**	vous **fussiez sorti(e)(s)**
il / elle **eût fait**	ils / elles **eussent fait**	il **fût sorti**	ils **fussent sortis**
		elle **fût sortie**	elles **fussent sorties**

2) 用法1：時制の一致　DL 95
接続法半過去・大過去は直説法半過去・大過去と同じように時制の一致でつかわれる．ただし，現在ではあまりつかわれず，話しことばでは接続法現在，接続法過去で代用されることが多い．

接続法現在 ⇔ 接続法半過去（主節と従属節が同時）

Socrate craint que sa femme ne vienne.　ソクラテスは妻が来るかもしれないと心配している．
⇔ Socrate craignait que sa femme ne vînt.　ソクラテスは妻が来るかもしれないと心配していた．

接続法過去 ⇔ 接続法大過去（主節のときには従属節の内容が完了）

Margot regrette que Jules soit parti sans lui rien dire.
　　　　　マルゴーはジュールが何も言わずに行ってしまったことを残念に思っている．
⇔ Margot a regretté que Jules fût parti sans lui rien dire.
　　　　　マルゴーはジュールが何も言わずに行ってしまったことを残念に思った．

Il était une fois une petite fille de village, la plus jolie qu'on eût su voir : sa mère en était folle, et sa mère-grand plus folle encore. （Charles Perrault）
　昔むかしある村にだれも見たことがないようなとてもかわいい女の子がいました．お母さんはその子のことがかわいくてしかたがなく，おばあちゃんは輪をかけてその子に夢中でした．

Il falloit que le jus énergique de ce fruit, qui m'avoit coulé dans la bouche, eût rappelé mon âme qui n'étoit pas loin de mon cadavre, encore tout tiède, et encore disposé aux fonctions de la vie.
（Cyrano de Bergerac）
　この果実の効き目の強い果汁が私の口に流れ入って，まだ生暖かく，まだ生命の機能を失っていなかった私の死体からそれほど遠くないところにいた私の魂を呼び戻してくれたのにちがいない．　（赤木昭三訳）

81

3) 用法2：条件法過去第2形

条件文でつかわれる接続法大過去のことであり，「条件法過去第2形」という活用形があるわけではない．
「Si + 直説法大過去，条件法過去」(11課) で表される条件文において，直説法大過去と条件法過去のいずれか，または両方に接続法大過去がつかわれることがある．古い接続法の用法の名残である．

Le nez de Cléopâtre s'il **eût été** plus court toute la face de la terre aurait changé. （Blaise Pascal）
クレオパトラの鼻がもっと短かったなら，地球の全表面は変わっていただろう．

Hé ! Dieu, si j'**eusse estudié**	恨めしや，色に狂つた青春の
Au temps de ma jeunesse folle	頃に勉強してゐたなら，
Et a bonnes meurs dédié,	身持正しく暮してゐたら，今頃は
J'**eusse** maison et couche molle !	所帯も持てて，柔かい寝床で臥てゐる．
（François Villon）	（鈴木信太郎訳）

1) Un éclair... puis la nuit ! — Fugitive beauté
   Dont le regard m'a fait soudainement renaître,
   Ne te verrai-je plus que dans l'éternité ?
   Ailleurs, bien loin d'ici ! trop tard ! jamais peut-être !
   Car j'ignore où tu fuis, tu ne sais où je vais,
   Ô toi que j'eusse aimée, ô toi qui le savais !
   　　　　　　　　　　　　　　　　　　　　　（Charles Baudelaire）

2) Si nous rêvions toutes les nuits la même chose, elle nous affecterait autant que les objets que nous voyons tous les jours. Et si un artisan était sûr de rêver toutes les nuits, douze heures durant, qu'on est roi, je crois qu'il serait presque aussi heureux qu'un roi qui rêverait toutes les nuits, douze heures durant, qu'il serait artisan.

   Si nous rêvions toutes les nuits que nous sommes poursuivis par des ennemis et agités par ces fantômes pénibles, et qu'on passât tous les jours en diverses occupations comme quand on fait voyage, on souffrirait presque autant que si cela était véritable, et on appréhenderait le dormir comme on appréhende le réveil quand on craint d'entrer dans de tels malheurs en effet. Et en effet il ferait à peu près les mêmes maux que la réalité.

   Mais parce que les songes sont tous différents et que l'un même se diversifie, ce qu'on y voit affecte bien moins que ce qu'on voit en veillant, à cause de la continuité qui n'est pourtant pas si continue et égale qu'elle ne change aussi, mais moins brusquement, si ce n'est rarement, comme quand on voyage, et alors on dit : Il me semble que je rêve ; car la vie est un songe un peu moins inconstant. 　　　　　　　　　　　　　　（Blaise Pascal）

3) Tout d'un coup le souvenir m'est apparu. Ce goût, c'était celui du petit morceau de madeleine que le dimanche matin à Combray (parce que ce jour-là je ne sortais pas avant l'heure de la messe), quand j'allais lui dire bonjour dans sa chambre, ma tante Léonie m'offrait après l'avoir trempé dans son infusion de thé ou de tilleul. La vue de la petite madeleine ne m'avait rien rappelé avant que je n'y eusse goûté ; peut-être parce que, en ayant souvent aperçu depuis, sans en manger, sur les tablettes des pâtissiers, leur image avait quitté ces jours de Combray pour se lier à d'autres plus récents ; peut-être parce que, de ces souvenirs abandonnés si longtemps hors de la mémoire, rien ne survivait, tout s'était désagrégé ; les formes — et celle aussi du petit coquillage de pâtisserie, si grassement sensuel sous son

plissage sévère et dévot — s'étaient abolies, ou, ensommeillées, avaient perdu la force d'expansion qui leur eût permis de rejoindre la conscience. Mais, quand d'un passé ancien rien ne subsiste, après la mort des êtres, après la destruction des choses, seules, plus frêles mais plus vivaces, plus immatérielles, plus persistantes, plus fidèles, l'odeur et la saveur restent encore longtemps, comme des âmes, à se rappeler, à attendre, à espérer, sur la ruine de tout le reste, à porter sans fléchir, sur leur gouttelette presque impalpable, l'édifice immense du souvenir. (Marcel Proust)

1	un, une	⋮	
2	deux	70	soixante-dix
3	trois	71	soixante et onze (soixante-et-onze)
4	quatre	72	soixante-douze
5	cinq	⋮	
6	six	80	quatre-vingts
7	sept	81	quatre-vingt-un
8	huit	82	quatre-vingt-deux
9	neuf	⋮	
10	dix	90	quatre-vingt-dix
11	onze	91	quatre-vingt-onze
12	douze	⋮	
13	treize	99	quatre-vingt-dix-neuf
14	quatorze	100	cent
15	quinze	101	cent un
16	seize	102	cent deux
17	dix-sept	⋮	
18	dix-huit	199	cent quatre-vingt-dix-neuf
19	dix-neuf	200	deux cents
20	vingt	201	deux cent un
21	vingt et un (vingt-et-un)	⋮	
22	vingt-deux	217	deux cent dix-sept
⋮		⋮	
30	trente	246	deux cent quarante-six
31	trente et un (trente-et-un)	⋮	
32	trente-deux	300	trois cents
⋮		⋮	
40	quarante	1000	mille
41	quarante et un (quarante-et-un)	1001	mille un
42	quarante-deux	⋮	
⋮		1789	mille sept cent quatre-vingt-neuf
50	cinquante	⋮	
51	cinquante et un (cinquante-et-un)	2000	deux mille
52	cinquante-deux	⋮	
⋮		2021	deux mille vingt et un
60	soixante	⋮	
61	soixante et un (soixante-et-un)	10 000	dix mille
62	soixante-deux	100 000	cent mille

数え方の原理

- 1〜16, 20, 30, 40, 50, 60 は固有の数え方となっている.
- 17〜19 は 10 + 7, 10 + 8, 10 + 9 のように組み合わせになっている. 同様に, 21〜29, 31〜39, 41〜49, 51〜59, 61〜69 でも 20 + 2, 30 + 5, 40 + 7, 50 + 8...という数え方をする.
- 70〜79 は 60 + 10, 60 + 11, 60 + 12...と数える.
- 80 は 4 × 20 であり, 81〜99 は 4 × 20 に 1〜19 の数を足す数え方であり, 標準フランス語で採用されている. ベルギーやスイスのフランス語では, septante(70), huitante/octante(80), nonante(90) もつかわれる.
- 1100〜1999 の数では2通りの読み方がある. 1868であれば mille huit cent soixante-huit (1000 + 800 + 68) または dix-huit cent soixante-huit (18 × 100 + 68) である. 1046 や 2012 はそれぞれ mille quarante-six, deux mille douze という読み方しかない.
- 数詞は名詞の前に直接おくことができる：dix pommes (10), cent heures (100), dix mille personnes (10 000), cent mille yens (100 000). しかし, さらに大きい数を表す un million (1 000 000), un milliard (1 000 000 000), un billion (1 000 000 000 000) のときには, un million de ventes, un milliard d'années-lumière, un billion d'euros のように de が必要となる.
- 1 が不定冠詞 un, une と同形であることから分かるように, 数詞は不定冠詞と同じように特定されていないものを指すため, 不定冠詞と重ねてつかうことはできない. 特定されたものであるとき, 数詞は定冠詞とともにつかうことができる.

Je connais les deux.	2人とも知っています.
Les cinq dernière personnes ne sont pas encore arrivées.	最後の5人はまだ到着していない.

発音上の注意

- deux, trois, vingt は単独では x, s, t を読まないが, 後ろに母音または無音の h で始まる語が続くときはリエゾンする：deux heures, trois euros, vingt ans.
- cinq, six, sept, huit, dix は語末の q [k], x [s], t [t] を発音する. しかし, cinq, six, huit, dix が子音から始まる語の前にあるとき, q, x, t は発音しない：cinq livres, six personnes, huit jours, dix tomates.
- six, neuf, dix の語末音 x [s], f [f] は, 母音または無音の h から始まる語の前でリエゾンするとき, それぞれ x[z], f[v] と発音される：six ans, neuf heures, dix euros.
- onze は前の語とリエゾンもエリジョンもしない：Il est onze heures. Nous sommes le onze novembre.

表記上の注意

- 17以上の2桁の数のとき, 数を構成する2〜4つの語はトレデュニオン (trait d'union「-」の記号) でつなぐ：dix-huit (18), vingt-deux (22), trente-quatre (34), quarante-trois (43), cinquante-cinq (55), soixante-sept (67), soixante-dix-huit (78), quatre-vingt-six (86), quatre-vingt-dix-neuf (99).
- 一の位が1であるとき, 21, 31, 41, 51, 61 は 〜 et un, 71 では soixante et onze となり, 81 は

quatre-vingt-un，91 は quatre-vingt-onze で et を入れずにトレデュニオンでつなぐ．

- 21，31，41，51，61，71 はトレデュニオンの有無によって2つの表記法がある．
- 3桁以上の数になったときにも，トレデュニオンでつなぐのは十の位までである：huit cent quatre-vingt-dix-sept (897)，mille deux cent soixante-douze (1272)．
- 80のときのみ，quatre-vingts のように vingt に複数の s が付く．同様に，200，300，400...のような切りの良い数字のときのみ，deux cents, trois cents, quatre cents のように cent にも s が必要となる．ただし，mille (1000) はこのような変化はしない．

序数 Nombres ordinaux

1$^{er, ère}$	premier, première	15^e	quinzième
2^e	deuxième	16^e	seizième
3^e	troisième	17^e	dix-septième
4^e	quatrième	18^e	dix-huitième
5^e	cinquième	19^e	dix-neuvième
6^e	sixième	20^e	vingtième
7^e	septième	21^e	vingt et unième
8^e	huitième	22^e	vingt-deuxième
9^e	neuvième	30^e	trentième
10^e	dixième	31^e	trente et unième
11^e	onzième	⋮	
12^e	douzième	100^e	centième
13^e	treizième	1000^e	millième
14^e	quatorzième		

- 1を除き，基数に -ième を付けることで序数をつくることができる．このとき，onze, douze, treize, quatorze, quinze, seize, mille の語末の e は省略して –ième をつける．
- 1のみ premier, première という専用の形がある．また，21，31 などの et un の部分は et unième となり，女性形 une に –ième がついた発音となる．
- 5のみ，発音の都合のため，cinquième のように u を補う必要がある．
- 日付で1日のときと，帝王の1世については premier をつかうが，日付の2～31日，帝王の2世以降では基数をつかう．Le premier avril 1921 (1921年4月1日)，le quinze mai 1762, François Ier（フランソワ1世），Charles V.
- 世紀や帝王の序数はローマ数字で表記されることも多い．ローマ数字で1～20は次のように書く．
  I, II, III, IV, V, VI, VII, VIII, IX, X, XI, XII, XIII, XIV, XV, XVI, XVII, XVIII, XIV, XX

その他の数字の表現

- 1/2 un demi, la moitié de 〜，1/3 un tiers，1/4 un quart，3/4 trois quarts．分母が5からは序数をつかい，4/5 quatre cinquièmes，5/9 cinq neuvièmes，7/12 sept douzièmes のようになる．数字が大きいときには7/365 sept sur trois cent soixante-cinq のように sur をつかう．
- 小数は point ではなく virgule をつかう．9,58 neuf virgule cinquante-huit．小数以下3桁までの場合は，ふつうは1桁ずつに切らない．

- ＝は égaler, faire のいずれかで読み，単数でも複数でもよい．ただし，割り算のときは fait/font はつかわない．

足し算	$1 + 1 = 2$	Un et (plus) un égale deux.
引き算	$7 - 2 = 5$	Sept moins deux font cinq.
かけ算	$3 \times 4 = 12$	Trois fois (multiplié par) quatre font douze.
割り算	$16 \div 4 = 4$	Seize divisé par quatre égale quatre.

フランス語文法体系

2023 年 2 月 1 日　印刷
2023 年 2 月 10 日　発行

著　者 © 京都大学フランス語部会
発行者　及　川　直　志
印刷所　株式会社 ルナテック

101-0052 東京都千代田区神田小川町 3 の 24
電話 03-3291-7811(営業部)，7821(編集部)
発行所 www.hakusuisha.co.jp　　　株式会社　白水社
乱丁・落丁本は送料小社負担にてお取り替えいたします。

振替 00190-5-33228　　Printed in Japan　　誠製本株式会社

ISBN 978-4-560-06148-0

動 詞 活 用 表

不定法	直　　説　　法			

① avoir

現在分詞 ayant
過去分詞 eu [y]

現　在	半　過　去	単純過去	単純未来
j' ai [e]	j' avais	j' eus [y]	j' aurai
tu as	tu avais	tu eus	tu auras
il a	il avait	il eut	il aura
nous avons	nous avions	nous eûmes	nous aurons
vous avez	vous aviez	vous eûtes	vous aurez
ils ont	ils avaient	ils eurent	ils auront

複合過去	大　過　去	前　過　去	前　未　来
j' ai eu	j' avais eu	j' eus eu	j' aurai eu
tu as eu	tu avais eu	tu eus eu	tu auras eu
il a eu	il avait eu	il eut eu	il aura eu
nous avons eu	nous avions eu	nous eûmes eu	nous aurons eu
vous avez eu	vous aviez eu	vous eûtes eu	vous aurez eu
ils ont eu	ils avaient eu	ils eurent eu	ils auront eu

② être

現在分詞 étant
過去分詞 été

現　在	半　過　去	単純過去	単純未来
je suis	j' étais	je fus	je serai
tu es	tu étais	tu fus	tu seras
il est	il était	il fut	il sera
nous sommes	nous étions	nous fûmes	nous serons
vous êtes	vous étiez	vous fûtes	vous serez
ils sont	ils étaient	ils furent	ils seront

複合過去	大　過　去	前　過　去	前　未　来
j' ai été	j' avais été	j' eus été	j' aurai été
tu as été	tu avais été	tu eus été	tu auras été
il a été	il avait été	il eut été	il aura été
nous avons été	nous avions été	nous eûmes été	nous aurons été
vous avez été	vous aviez été	vous eûtes été	vous aurez été
ils ont été	ils avaient été	ils eurent été	ils auront été

③ aimer

現在分詞 aimant
過去分詞 aimé
第1群 規則動詞

現　在	半　過　去	単純過去	単純未来
j' aime	j' aimais	j' aimai	j' aimerai
tu aimes	tu aimais	tu aimas	tu aimeras
il aime	il aimait	il aima	il aimera
nous aimons	nous aimions	nous aimâmes	nous aimerons
vous aimez	vous aimiez	vous aimâtes	vous aimerez
ils aiment	ils aimaient	ils aimèrent	ils aimeront

複合過去	大　過　去	前　過　去	前　未　来
j' ai aimé	j' avais aimé	j' eus aimé	j' aurai aimé
tu as aimé	tu avais aimé	tu eus aimé	tu auras aimé
il a aimé	il avait aimé	il eut aimé	il aura aimé
nous avons aimé	nous avions aimé	nous eûmes aimé	nous aurons aimé
vous avez aimé	vous aviez aimé	vous eûtes aimé	vous aurez aimé
ils ont aimé	ils avaient aimé	ils eurent aimé	ils auront aimé

④ finir

現在分詞 finissant
過去分詞 fini
第2群 規則動詞

現　在	半　過　去	単純過去	単純未来
je finis	je finissais	je finis	je finirai
tu finis	tu finissais	tu finis	tu finiras
il finit	il finissait	il finit	il finira
nous finissons	nous finissions	nous finîmes	nous finirons
vous finissez	vous finissiez	vous finîtes	vous finirez
ils finissent	ils finissaient	ils finirent	ils finiront

複合過去	大　過　去	前　過　去	前　未　来
j' ai fini	j' avais fini	j' eus fini	j' aurai fini
tu as fini	tu avais fini	tu eus fini	tu auras fini
il a fini	il avait fini	il eut fini	il aura fini
nous avons fini	nous avions fini	nous eûmes fini	nous aurons fini
vous avez fini	vous aviez fini	vous eûtes fini	vous aurez fini
ils ont fini	ils avaient fini	ils eurent fini	ils auront fini

条　件　法	接　　続　　法		命　令　法

現　在	現　在	半　過　去	
j'　aurais	j'　aie [ɛ]	j'　eusse	
tu　aurais	tu　aies	tu　eusses	aie
il　aurait	il　ait	il　eût	
nous aurions	nous ayons	nous eussions	ayons
vous auriez	vous ayez	vous eussiez	ayez
ils　auraient	ils　aient	ils　eussent	

過　去	過　去	大　過　去	
j'　aurais eu	j'　aie eu	j'　eusse eu	
tu　aurais eu	tu　aies eu	tu　eusses eu	
il　aurait eu	il　ait eu	il　eût eu	
nous aurions eu	nous ayons eu	nous eussions eu	
vous auriez eu	vous ayez eu	vous eussiez eu	
ils　auraient eu	ils　aient eu	ils　eussent eu	

現　在	現　在	半　過　去	
je　serais	je　sois	je　fusse	
tu　serais	tu　sois	tu　fusses	sois
il　serait	il　soit	il　fût	
nous serions	nous soyons	nous fussions	soyons
vous seriez	vous soyez	vous fussiez	soyez
ils　seraient	ils　soient	ils　fussent	

過　去	過　去	大　過　去	
j'　aurais été	j'　aie été	j'　eusse été	
tu　aurais été	tu　aies été	tu　eusses été	
il　aurait été	il　ait été	il　eût été	
nous aurions été	nous ayons été	nous eussions été	
vous auriez été	vous ayez été	vous eussiez été	
ils　auraient été	ils　aient été	ils　eussent été	

現　在	現　在	半　過　去	
j'　aimerais	j'　aime	j'　aimasse	
tu　aimerais	tu　aimes	tu　aimasses	aime
il　aimerait	il　aime	il　aimât	
nous aimerions	nous aimions	nous aimassions	aimons
vous aimeriez	vous aimiez	vous aimassiez	aimez
ils　aimeraient	ils　aiment	ils　aimassent	

過　去	過　去	大　過　去	
j'　aurais aimé	j'　aie aimé	j'　eusse aimé	
tu　aurais aimé	tu　aies aimé	tu　eusses aimé	
il　aurait aimé	il　ait aimé	il　eût aimé	
nous aurions aimé	nous ayons aimé	nous eussions aimé	
vous auriez aimé	vous ayez aimé	vous eussiez aimé	
ils　auraient aimé	ils　aient aimé	ils　eussent aimé	

現　在	現　在	半　過　去	
je　finirais	je　finisse	je　finisse	
tu　finirais	tu　finisses	tu　finisses	finis
il　finirait	il　finisse	il　finît	
nous finirions	nous finissions	nous finissions	finissons
vous finiriez	vous finissiez	vous finissiez	finissez
ils　finiraient	ils　finissent	ils　finissent	

過　去	過　去	大　過　去	
j'　aurais fini	j'　aie fini	j'　eusse fini	
tu　aurais fini	tu　aies fini	tu　eusses fini	
il　aurait fini	il　ait fini	il　eût fini	
nous aurions fini	nous ayons fini	nous eussions fini	
vous auriez fini	vous ayez fini	vous eussiez fini	
ils　auraient fini	ils　aient fini	ils　eussent fini	

不定法 現在分詞 過去分詞	直　説　法			
	現　在	半　過　去	単純過去	単純未来
⑤ **acheter** achetant acheté	j' achète tu achètes il achète n. achetons v. achetez ils achètent	j' achetais tu achetais il achetait n. achetions v. achetiez ils achetaient	j' achetai tu achetas il acheta n. achetâmes v. achetâtes ils achetèrent	j' achèterai tu achèteras il achètera n. achèterons v. achèterez ils achèteront
⑥ **aller** allant allé	je **vais** tu **vas** il **va** n. allons v. allez ils **vont**	j' allais tu allais il allait n. allions v. alliez ils allaient	j' allai tu allas il alla n. allâmes v. allâtes ils allèrent	j' irai tu iras il ira n. irons v. irez ils iront
⑦ **appeler** appelant appelé	j' appelle tu appelles il appelle n. appelons v. appelez ils appellent	j' appelais tu appelais il appelait n. appelions v. appeliez ils appelaient	j' appelai tu appelas il appela n. appelâmes v. appelâtes ils appelèrent	j' appellerai tu appelleras il appellera n. appellerons v. appellerez ils appelleront
⑧ **asseoir** asseyant (assoyant) assis	j' assieds [asje] tu assieds il assied n. asseyons v. asseyez ils asseyent j' assois tu assois il assoit n. assoyons v. assoyez ils assoient	j' asseyais tu asseyais il asseyait n. asseyions v. asseyiez ils asseyaient j' assoyais tu assoyais il assoyait n. assoyions v. assoyiez ils assoyaient	j' assis tu assis il assit n. assîmes v. assîtes ils assirent	j' assiérai tu assiéras il assiéra n. assiérons v. assiérez ils assiéront j' assoirai tu assoiras il assoira n. assoirons v. assoirez ils assoiront
⑨ **battre** battant battu	je bats tu bats il bat n. battons v. battez ils battent	je battais tu battais il battait n. battions v. battiez ils battaient	je battis tu battis il battit n. battîmes v. battîtes ils battirent	je battrai tu battras il battra n. battrons v. battrez ils battront
⑩ **boire** buvant bu	je bois tu bois il boit n. buvons v. buvez ils boivent	je buvais tu buvais il buvait n. buvions v. buviez ils buvaient	je bus tu bus il but n. bûmes v. bûtes ils burent	je boirai tu boiras il boira n. boirons v. boirez ils boiront
⑪ **conduire** conduisant conduit	je conduis tu conduis il conduit n. conduisons v. conduisez ils conduisent	je conduisais tu conduisais il conduisait n. conduisions v. conduisiez ils conduisaient	je conduisis tu conduisis il conduisit n. conduisîmes v. conduisîtes ils conduisirent	je conduirai tu conduiras il conduira n. conduirons v. conduirez ils conduiront

条　件　法	接　　続　　法		命　令　法	同　　型
現　　在	現　　在	半　過　去		
j' achèterais tu achèterais il achèterait n. achèterions v. achèteriez ils achèteraient	j' achète tu achètes il achète n. achetions v. achetiez ils achètent	j' achetasse tu achetasses il achetât n. achetassions v. achetassiez ils achetassent	achète achetons achetez	achever lever mener promener soulever
j' irais tu irais il irait n. irions v. iriez ils iraient	j' **aill**e tu **aill**es il **aill**e n. allions v. alliez ils **aill**ent	j' allasse tu allasses il allât n. allassions v. allassiez ils allassent	**va** allons allez	
j' appellerais tu appellerais il appellerait n. appellerions v. appelleriez ils appelleraient	j' appelle tu appelles il appelle n. appelions v. appeliez ils appellent	j' appelasse tu appelasses il appelât n. appelassions v. appelassiez ils appelassent	appelle appelons appelez	jeter rappeler
j' assiérais tu assiérais il assiérait n. assiérions v. assiériez ils assiéraient	j' asseye [asɛj] tu asseyes il asseye n. asseyions v. asseyiez ils asseyent	j' assisse tu assisses il assît n. assissions v. assissiez ils assissent	assieds asseyons asseyez	注 主として代 名動詞s'asseoir で使われる.
j' assoirais tu assoirais il assoirait n. assoirions v. assoiriez ils assoiraient	j' assoie tu assoies il assoie n. assoyions v. assoyiez ils assoient		assois assoyons assoyez	
je battrais tu battrais il battrait n. battrions v. battriez ils battraient	je batte tu battes il batte n. battions v. battiez ils battent	je battisse tu battisses il battît n. battissions v. battissiez ils battissent	bats battons battez	abattre combattre
je boirais tu boirais il boirait n. boirions v. boiriez ils boiraient	je boive tu boives il boive n. buvions v. buviez ils boivent	je busse tu busses il bût n. bussions v. bussiez ils bussent	bois buvons buvez	
je conduirais tu conduirais il conduirait n. conduirions v. conduiriez ils conduiraient	je conduise tu conduises il conduise n. conduisions v. conduisiez ils conduisent	je conduisisse tu conduisisses il conduisît n. conduisissions v. conduisissiez ils conduisissent	conduis conduisons conduisez	construire détruire instruire introduire produire traduire

不定法 現在分詞 過去分詞	直　説　法			
	現　在	半　過　去	単純過去	単純未来
⑫ **connaître** connaissant connu	je connais tu connais il connaît n. connaissons v. connaissez ils connaissent	je connaissais tu connaissais il connaissait n. connaissions v. connaissiez ils connaissaient	je connus tu connus il connut n. connûmes v. connûtes ils connurent	je connaîtrai tu connaîtras il connaîtra n. connaîtrons v. connaîtrez ils connaîtront
⑬ **courir** courant couru	je cours tu cours il court n. courons v. courez ils courent	je courais tu courais il courait n. courions v. couriez ils couraient	je courus tu courus il courut n. courûmes v. courûtes ils coururent	je courrai tu courras il courra n. courrons v. courrez ils courront
⑭ **craindre** craignant craint	je crains tu crains il craint n. craignons v. craignez ils craignent	je craignais tu craignais il craignait n. craignions v. craigniez ils craignaient	je craignis tu craignis il craignit n. craignîmes v. craignîtes ils craignirent	je craindrai tu craindras il craindra n. craindrons v. craindrez ils craindront
⑮ **croire** croyant cru	je crois tu crois il croit n. croyons v. croyez ils croient	je croyais tu croyais il croyait n. croyions v. croyiez ils croyaient	je crus tu crus il crut n. crûmes v. crûtes ils crurent	je croirai tu croiras il croira n. croirons v. croirez ils croiront
⑯ **devoir** devant dû, due, dus, dues	je dois tu dois il doit n. devons v. devez ils doivent	je devais tu devais il devait n. devions v. deviez ils devaient	je dus tu dus il dut n. dûmes v. dûtes ils durent	je devrai tu devras il devra n. devrons v. devrez ils devront
⑰ **dire** disant dit	je dis tu dis il dit n. disons v. di**tes** ils disent	je disais tu disais il disait n. disions v. disiez ils disaient	je dis tu dis il dit n. dîmes v. dîtes ils dirent	je dirai tu diras il dira n. dirons v. direz ils diront
⑱ **écrire** écrivant écrit	j' écris tu écris il écrit n. écrivons v. écrivez ils écrivent	j' écrivais tu écrivais il écrivait n. écrivions v. écriviez ils écrivaient	j' écrivis tu écrivis il écrivit n. écrivîmes v. écrivîtes ils écrivirent	j' écrirai tu écriras il écrira n. écrirons v. écrirez ils écriront
⑲ **employer** employant employé	j' emploie tu emploies il emploie n. employons v. employez ils emploient	j' employais tu employais il employait n. employions v. employiez ils employaient	j' employai tu employas il employa n. employâmes v. employâtes ils employèrent	j' emploierai tu emploieras il emploiera n. emploierons v. emploierez ils emploieront

条　件　法	接　続　法		命 令 法	同　　型
現　　在	現　　在	半　過　去		
je connaîtrais tu connaîtrais il connaîtrait n. connaîtrions v. connaîtriez ils connaîtraient	je connaisse tu connaisses il connaisse n. connaissions v. connaissiez ils connaissent	je connusse tu connusses il connût n. connussions v. connussiez ils connussent	connais connaissons connaissez	apparaître disparaître paraître reconnaître
je courrais tu courrais il courrait n. courrions v. courriez ils courraient	je coure tu coures il coure n. courions v. couriez ils courent	je courusse tu courusses il courût n. courussions v. courussiez ils courussent	cours courons courez	accourir parcourir
je craindrais tu craindrais il craindrait n. craindrions v. craindriez ils craindraient	je craigne tu craignes il craigne n. craignions v. craigniez ils craignent	je craignisse tu craignisses il craignît n. craignissions v. craignissiez ils craignissent	crains craignons craignez	atteindre éteindre joindre peindre plaindre
je croirais tu croirais il croirait n. croirions v. croiriez ils croiraient	je croie tu croies il croie n. croyions v. croyiez ils croient	je crusse tu crusses il crût n. crussions v. crussiez ils crussent	crois croyons croyez	
je devrais tu devrais il devrait n. devrions v. devriez ils devraient	je doive tu doives il doive n. devions v. deviez ils doivent	je dusse tu dusses il dût n. dussions v. dussiez ils dussent		
je dirais tu dirais il dirait n. dirions v. diriez ils diraient	je dise tu dises il dise n. disions v. disiez ils disent	je disse tu disses il dît n. dissions v. dissiez ils dissent	dis disons dites	
j' écrirais tu écrirais il écrirait n. écririons v. écririez ils écriraient	j' écrive tu écrives il écrive n. écrivions v. écriviez ils écrivent	j' écrivisse tu écrivisses il écrivît n. écrivissions v. écrivissiez ils écrivissent	écris écrivons écrivez	décrire inscrire
j' emploierais tu emploierais il emploierait n. emploierions v. emploieriez ils emploieraient	j' emploie tu emploies il emploie n. employions v. employiez ils emploient	j' employasse tu employasses il employât n. employassions v. employassiez ils employassent	emploie employons employez	aboyer nettoyer noyer tutoyer

不定法 現在分詞 過去分詞	直　説　法			
	現　在	半過去	単純過去	単純未来
⑳ **envoyer** envoyant envoyé	j' envoie tu envoies il envoie n. envoyons v. envoyez ils envoient	j' envoyais tu envoyais il envoyait n. envoyions v. envoyiez ils envoyaient	j' envoyai tu envoyas il envoya n. envoyâmes v. envoyâtes ils envoyèrent	j' enverrai tu enverras il enverra n. enverrons v. enverrez ils enverront
㉑ **faire** faisant [fəzɑ̃] fait	je fais [fɛ] tu fais il fait n. faisons [fəzɔ̃] v. **faites** [fɛt] ils **font**	je faisais [fəzɛ] tu faisais il faisait n. faisions v. faisiez ils faisaient	je fis tu fis il fit n. fîmes v. fîtes ils firent	je ferai tu feras il fera n. ferons v. ferez ils feront
㉒ **falloir** — fallu	il faut	il fallait	il fallut	il faudra
㉓ **fuir** fuyant fui	je fuis tu fuis il fuit n. fuyons v. fuyez ils fuient	je fuyais tu fuyais il fuyait n. fuyions v. fuyiez ils fuyaient	je fuis tu fuis il fuit n. fuîmes v. fuîtes ils fuirent	je fuirai tu fuiras il fuira n. fuirons v. fuirez ils fuiront
㉔ **lire** lisant lu	je lis tu lis il lit n. lisons v. lisez ils lisent	je lisais tu lisais il lisait n. lisions v. lisiez ils lisaient	je lus tu lus il lut n. lûmes v. lûtes ils lurent	je lirai tu liras il lira n. lirons v. lirez ils liront
㉕ **manger** mangeant mangé	je mange tu manges il mange n. mangeons v. mangez ils mangent	je mangeais tu mangeais il mangeait n. mangions v. mangiez ils mangeaient	je mangeai tu mangeas il mangea n. mangeâmes v. mangeâtes ils mangèrent	je mangerai tu mangeras il mangera n. mangerons v. mangerez ils mangeront
㉖ **mettre** mettant mis	je mets tu mets il met n. mettons v. mettez ils mettent	je mettais tu mettais il mettait n. mettions v. mettiez ils mettaient	je mis tu mis il mit n. mîmes v. mîtes ils mirent	je mettrai tu mettras il mettra n. mettrons v. mettrez ils mettront
㉗ **mourir** mourant mort	je meurs tu meurs il meurt n. mourons v. mourez ils meurent	je mourais tu mourais il mourait n. mourions v. mouriez ils mouraient	je mourus tu mourus il mourut n. mourûmes v. mourûtes ils moururent	je mourrai tu mourras il mourra n. mourrons v. mourrez ils mourront

条 件 法	接 続 法		命 令 法	同 型
現　　在	現　　在	半 過 去		
j' enverrais tu enverrais il enverrait n. enverrions v. enverriez ils enverraient	j' envoie tu envoies il envoie n. envoyions v. envoyiez ils envoient	j' envoyasse tu envoyasses il envoyât n. envoyassions v. envoyassiez ils envoyassent	envoie envoyons envoyez	renvoyer
je ferais tu ferais il ferait n. ferions v. feriez ils feraient	je fasse tu fasses il fasse n. fassions v. fassiez ils fassent	je fisse tu fisses il fît n. fissions v. fissiez ils fissent	fais faisons faites	défaire refaire satisfaire
il faudrait	il faille	il fallût		
je fuirais tu fuirais il fuirait n. fuirions v. fuiriez ils fuiraient	je fuie tu fuies il fuie n. fuyions v. fuyiez ils fuient	je fuisse tu fuisses il fuît n. fuissions v. fuissiez ils fuissent	fuis fuyons fuyez	s'enfuir
je lirais tu lirais il lirait n. lirions v. liriez ils liraient	je lise tu lises il lise n. lisions v. lisiez ils lisent	je lusse tu lusses il lût n. lussions v. lussiez ils lussent	lis lisons lisez	élire relire
je mangerais tu mangerais il mangerait n. mangerions v. mangeriez ils mangeraient	je mange tu manges il mange n. mangions v. mangiez ils mangent	je mangeasse tu mangeasses il mangeât n. mangeassions v. mangeassiez ils mangeassent	mange mangeons mangez	changer déranger nager obliger partager voyager
je mettrais tu mettrais il mettrait n. mettrions v. mettriez ils mettraient	je mette tu mettes il mette n. mettions v. mettiez ils mettent	je misse tu misses il mît n. missions v. missiez ils missent	mets mettons mettez	admettre commettre permettre promettre remettre
je mourrais tu mourrais il mourrait n. mourrions v. mourriez ils mourraient	je meure tu meures il meure n. mourions v. mouriez ils meurent	je mourusse tu mourusses il mourût n. mourussions v. mourussiez ils mourussent	meurs mourons mourez	

不 定 法 現在分詞 過去分詞	直　　説　　法			
	現　　在	半　過　去	単純過去	単純未来
㉘ **naître** naissant né	je nais tu nais il na**î**t n. naissons v. naissez ils naissent	je naissais tu naissais il naissait n. naissions v. naissiez ils naissaient	je na**qu**is tu na**qu**is il naquit n. na**qu**îmes v. na**qu**îtes ils na**qu**irent	je naîtrai tu naîtras il naîtra n. naîtrons v. naîtrez ils naîtront
㉙ **ouvrir** ouvrant ouvert	j' ouvre tu ouv**res** il ouv**re** n. ouvrons v. ouvrez ils ouvrent	j' ouvrais tu ouvrais il ouvrait n. ouvrions v. ouvriez ils ouvraient	j' ouvris tu ouvris il ouvrit n. ouvrîmes v. ouvrîtes ils ouvrirent	j' ouvrirai tu ouvriras il ouvrira n. ouvrirons v. ouvrirez ils ouvriront
㉚ **partir** partant parti	je pars tu pars il part n. partons v. partez ils partent	je partais tu partais il partait n. partions v. partiez ils partaient	je partis tu partis il partit n. partîmes v. partîtes ils partirent	je partirai tu partiras il partira n. partirons v. partirez ils partiront
㉛ **payer** payant payé	je paie [pɛ] tu paies il paie n. payons v. payez ils paient ---- je paye [pɛj] tu payes il paye n. payons v. payez ils payent	je payais tu payais il payait n. payions v. payiez ils payaient	je payai tu payas il paya n. payâmes v. payâtes ils payèrent	je paierai tu paieras il paiera n. paierons v. paierez ils paieront ---- je payerai tu payeras il payera n. payerons v. payerez ils payeront
㉜ **placer** plaçant placé	je place tu places il place n. plaçons v. placez ils placent	je plaçais tu plaçais il plaçait n. placions v. placiez ils plaçaient	je plaçai tu plaças il plaça n. plaçâmes v. plaçâtes ils placèrent	je placerai tu placeras il placera n. placerons v. placerez ils placeront
㉝ **plaire** plaisant plu	je plais tu plais il pla**î**t n. plaisons v. plaisez ils plaisent	je plaisais tu plaisais il plaisait n. plaisions v. plaisiez ils plaisaient	je plus tu plus il plut n. plûmes v. plûtes ils plurent	je plairai tu plairas il plaira n. plairons v. plairez ils plairont
㉞ **pleuvoir** pleuvant plu	il pleut	il pleuvait	il plut	il pleuvra

条 件 法	接 続 法		命 令 法	同 型
現 在	現 在	半 過 去		
je naîtrais tu naîtrais il naîtrait n. naîtrions v. naîtriez ils naîtraient	je naisse tu naisses il naisse n. naissions v. naissiez ils naissent	je naquisse tu naquisses il naquît n. naquissions v. naquissiez ils naquissent	nais naissons naissez	
j' ouvrirais tu ouvrirais il ouvrirait n. ouvririons v. ouvririez ils ouvriraient	j' ouvre tu ouvres il ouvre n. ouvrions v. ouvriez ils ouvrent	j' ouvrisse tu ouvrisses il ouvrît n. ouvrissions v. ouvrissiez ils ouvrissent	ouvre ouvrons ouvrez	couvrir découvrir offrir souffrir
je partirais tu partirais il partirait n. partirions v. partiriez ils partiraient	je parte tu partes il parte n. partions v. partiez ils partent	je partisse tu partisses il partît n. partissions v. partissiez ils partissent	pars partons partez	dormir ressortir sentir servir sortir
je paierais tu paierais il paierait n. paierions v. paieriez ils paieraient	je paie tu paies il paie n. payions v. payiez ils paient	je payasse tu payasses il payât n. payassions v. payassiez ils payassent	paie payons payez	effrayer essayer
je payerais tu payerais il payerait n. payerions v. payeriez ils payeraient	je paye tu payes il paye n. payions v. payiez ils payent		paye payons payez	
je placerais tu placerais il placerait n. placerions v. placeriez ils placeraient	je place tu places il place n. placions v. placiez ils placent	je plaçasse tu plaçasses il plaçât n. plaçassions v. plaçassiez ils plaçassent	place plaçons placez	annoncer avancer commencer forcer lancer prononcer
je plairais tu plairais il plairait n. plairions v. plairiez ils plairaient	je plaise tu plaises il plaise n. plaisions v. plaisiez ils plaisent	je plusse tu plusses il plût n. plussions v. plussiez ils plussent	plais plaisons plaisez	complaire déplaire (se) taire 注 過去分詞 plu は不変
il pleuvrait	il pleuve	il plût		

不定法 現在分詞 過去分詞	直　　説　　法			
	現　　在	半　過　去	単純過去	単純未来
㉟ **pouvoir** pouvant pu	je peux (puis) tu peux il peut n. pouvons v. pouvez ils peuvent	je pouvais tu pouvais il pouvait n. pouvions v. pouviez ils pouvaient	je pus tu pus il put n. pûmes v. pûtes ils purent	je pourrai tu pourras il pourra n. pourrons v. pourrez ils pourront
㊱ **préférer** préférant préféré	je préfère tu préfères il préfère n. préférons v. préférez ils préfèrent	je préférais tu préférais il préférait n. préférions v. préfériez ils préféraient	je préférai tu préféras il préféra n. préférâmes v. préférâtes ils préférèrent	je préférerai tu préféreras il préférera n. préférerons v. préférerez ils préféreront
㊲ **prendre** prenant pris	je prends tu prends il prend n. prenons v. prenez ils prennent	je prenais tu prenais il prenait n. prenions v. preniez ils prenaient	je pris tu pris il prit n. prîmes v. prîtes ils prirent	je prendrai tu prendras il prendra n. prendrons v. prendrez ils prendront
㊳ **recevoir** recevant reçu	je reçois tu reçois il reçoit n. recevons v. recevez ils reçoivent	je recevais tu recevais il recevait n. recevions v. receviez ils recevaient	je reçus tu reçus il reçut n. reçûmes v. reçûtes ils reçurent	je recevrai tu recevras il recevra n. recevrons v. recevrez ils recevront
㊴ **rendre** rendant rendu	je rends tu rends il rend n. rendons v. rendez ils rendent	je rendais tu rendais il rendait n. rendions v. rendiez ils rendaient	je rendis tu rendis il rendit n. rendîmes v. rendîtes ils rendirent	je rendrai tu rendras il rendra n. rendrons v. rendrez ils rendront
㊵ **résoudre** résolvant résolu	je résous tu résous il résout n. résolvons v. résolvez ils résolvent	je résolvais tu résolvais il résolvait n. résolvions v. résolviez ils résolvaient	je résolus tu résolus il résolut n. résolûmes v. résolûtes ils résolurent	je résoudrai tu résoudras il résoudra n. résoudrons v. résoudrez ils résoudront
㊶ **rire** riant ri	je ris tu ris il rit n. rions v. riez ils rient	je riais tu riais il riait n. riions v. riiez ils riaient	je ris tu ris il rit n. rîmes v. rîtes ils rirent	je rirai tu riras il rira n. rirons v. rirez ils riront
㊷ **savoir** sachant su	je sais tu sais il sait n. savons v. savez ils savent	je savais tu savais il savait n. savions v. saviez ils savaient	je sus tu sus il sut n. sûmes v. sûtes ils surent	je saurai tu sauras il saura n. saurons v. saurez ils sauront

条 件 法	接 続 法		命 令 法	同 型
現　　在	現　　在	半 過 去		
je pourrais tu pourrais il pourrait n. pourrions v. pourriez ils pourraient	je puisse tu puisses il puisse n. puissions v. puissiez ils puissent	je pusse tu pusses il pût n. pussions v. pussiez ils pussent		
je préférerais tu préférerais il préférerait n. préférerions v. préféreriez ils préféreraient	je préfère tu préfères il préfère n. préférions v. préfériez ils préfèrent	je préférasse tu préférasses il préférât n. préférassions v. préférassiez ils préférassent	préfère préférons préférez	céder considérer espérer pénétrer posséder répéter
je prendrais tu prendrais il prendrait n. prendrions v. prendriez ils prendraient	je prenne tu prennes il prenne n. prenions v. preniez ils prennent	je prisse tu prisses il prît n. prissions v. prissiez ils prissent	prends prenons prenez	apprendre comprendre entreprendre reprendre surprendre
je recevrais tu recevrais il recevrait n. recevrions v. recevriez ils recevraient	je reçoive tu reçoives il reçoive n. recevions v. receviez ils reçoivent	je reçusse tu reçusses il reçût n. reçussions v. reçussiez ils reçussent	reçois recevons recevez	apercevoir concevoir décevoir
je rendrais tu rendrais il rendrait n. rendrions v. rendriez ils rendraient	je rende tu rendes il rende n. rendions v. rendiez ils rendent	je rendisse tu rendisses il rendît n. rendissions v. rendissiez ils rendissent	rends rendons rendez	attendre descendre entendre perdre répondre vendre
je résoudrais tu résoudrais il résoudrait n. résoudrions v. résoudriez ils résoudraient	je résolve tu résolves il résolve n. résolvions v. résolviez ils résolvent	je résolusse tu résolusses il résolût n. résolussions v. résolussiez ils résolussent	résous résolvons résolvez	
je rirais tu rirais il rirait n. ririons v. ririez ils riraient	je rie tu ries il rie n. riions v. riiez ils rient	je risse tu risses il rît n. rissions v. rissiez ils rissent	ris rions riez	sourire 注 過去分詞 ri は不変
je saurais tu saurais il saurait n. saurions v. sauriez ils sauraient	je sache tu saches il sache n. sachions v. sachiez ils sachent	je susse tu susses il sût n. sussions v. sussiez ils sussent	sache sachons sachez	

不定法 現在分詞 過去分詞	直　　説　　法			
	現　　在	半　過　去	単純過去	単純未来
㊸ **suffire** suffisant suffi	je suffis tu suffis il suffit n. suffisons v. suffisez ils suffisent	je suffisais tu suffisais il suffisait n. suffisions v. suffisiez ils suffisaient	je suffis tu suffis il suffit n. suffîmes v. suffîtes ils suffirent	je suffirai tu suffiras il suffira n. suffirons v. suffirez ils suffiront
㊹ **suivre** suivant suivi	je suis tu suis il suit n. suivons v. suivez ils suivent	je suivais tu suivais il suivait n. suivions v. suiviez ils suivaient	je suivis tu suivis il suivit n. suivîmes v. suivîtes ils suivirent	je suivrai tu suivras il suivra n. suivrons v. suivrez ils suivront
㊺ **vaincre** vainquant vaincu	je vaincs tu vaincs il vainc n. vainquons v. vainquez ils vainquent	je vainquais tu vainquais il vainquait n. vainquions v. vainquiez ils vainquaient	je vainquis tu vainquis il vainquit n. vainquîmes v. vainquîtes ils vainquirent	je vaincrai tu vaincras il vaincra n. vaincrons v. vaincrez ils vaincront
㊻ **valoir** valant valu	je vaux tu vaux il vaut n. valons v. valez ils valent	je valais tu valais il valait n. valions v. valiez ils valaient	je valus tu valus il valut n. valûmes v. valûtes ils valurent	je vaudrai tu vaudras il vaudra n. vaudrons v. vaudrez ils vaudront
㊼ **venir** venant venu	je viens tu viens il vient n. venons v. venez ils viennent	je venais tu venais il venait n. venions v. veniez ils venaient	je vins tu vins il vint n. vînmes v. vîntes ils vinrent	je viendrai tu viendras il viendra n. viendrons v. viendrez ils viendront
㊽ **vivre** vivant vécu	je vis tu vis il vit n. vivons v. vivez ils vivent	je vivais tu vivais il vivait n. vivions v. viviez ils vivaient	je vécus tu vécus il vécut n. vécûmes v. vécûtes ils vécurent	je vivrai tu vivras il vivra n. vivrons v. vivrez ils vivront
㊾ **voir** voyant vu	je vois tu vois il voit n. voyons v. voyez ils voient	je voyais tu voyais il voyait n. voyions v. voyiez ils voyaient	je vis tu vis il vit n. vîmes v. vîtes ils virent	je verrai tu verras il verra n. verrons v. verrez ils verront
㊿ **vouloir** voulant voulu	je veux tu veux il veut n. voulons v. voulez ils veulent	je voulais tu voulais il voulait n. voulions v. vouliez ils voulaient	je voulus tu voulus il voulut n. voulûmes v. voulûtes ils voulurent	je voudrai tu voudras il voudra n. voudrons v. voudrez ils voudront

条　件　法	接　　続　　法		命　令　法	同　　型
現　　在	現　　在	半　過　去		
je suffirais tu suffirais il suffirait n. suffirions v. suffiriez ils suffiraient	je suffise tu suffises il suffise n. suffisions v. suffisiez ils suffisent	je suffisse tu suffisses il suffît n. suffissions v. suffissiez ils suffissent	suffis suffisons suffisez	注　過去分詞 suffi は不変
je suivrais tu suivrais il suivrait n. suivrions v. suivriez ils suivraient	je suive tu suives il suive n. suivions v. suiviez ils suivent	je suivisse tu suivisses il suivît n. suivissions v. suivissiez ils suivissent	suis suivons suivez	poursuivre
je vaincrais tu vaincrais il vaincrait n. vaincrions v. vaincriez ils vaincraient	je vainque tu vainques il vainque n. vainquions v. vainquiez ils vainquent	je vainquisse tu vainquisses il vainquît n. vainquissions v. vainquissiez ils vainquissent	vaincs vainquons vainquez	convaincre
je vaudrais tu vaudrais il vaudrait n. vaudrions v. vaudriez ils vaudraient	je vaille tu vailles il vaille n. valions v. valiez ils vaillent	je valusse tu valusses il valût n. valussions v. valussiez ils valussent		
je viendrais tu viendrais il viendrait n. viendrions v. viendriez ils viendraient	je vienne tu viennes il vienne n. venions v. veniez ils viennent	je vinsse tu vinsses il vînt n. vinssions v. vinssiez ils vinssent	viens venons venez	appartenir devenir obtenir revenir (se) souvenir tenir
je vivrais tu vivrais il vivrait n. vivrions v. vivriez ils vivraient	je vive tu vives il vive n. vivions v. viviez ils vivent	je vécusse tu vécusses il vécût n. vécussions v. vécussiez ils vécussent	vis vivons vivez	survivre
je verrais tu verrais il verrait n. verrions v. verriez ils verraient	je voie tu voies il voie n. voyions v. voyiez ils voient	je visse tu visses il vît n. vissions v. vissiez ils vissent	vois voyons voyez	entrevoir revoir
je voudrais tu voudrais il voudrait n. voudrions v. voudriez ils voudraient	je veuille tu veuilles il veuille n. voulions v. vouliez ils veuillent	je voulusse tu voulusses il voulût n. voulussions v. voulussiez ils voulussent	veuille veuillons veuillez	

◆ 動詞変化に関する注意

不定法
-er
-ir
-re
-oir

現在分詞
-ant

	直説法現在		直・半過去	直・単純未来	条・現在
je	-e	-s	-ais	-rai	-rais
tu	-es	-s	-ais	-ras	-rais
il	-e	-t	-ait	-ra	-rait
nous	-ons		-ions	-rons	-rions
vous	-ez		-iez	-rez	-riez
ils	-ent		-aient	-ront	-raient

	直・単純過去			接・現在	接・半過去	命令法	
je	-ai	-is	-us	-e	-sse		
tu	-as	-is	-us	-es	-sses	-e	-s
il	-a	-it	-ut	-e	ât		
nous	-âmes	-îmes	-ûmes	-ions	-ssions	-ons	
vous	-âtes	-îtes	-ûtes	-iez	-ssiez	-ez	
ils	-èrent	-irent	-urent	-ent	-ssent		

〔複合時制〕

直　説　法	条　件　法
複合過去（助動詞の直・現在＋過去分詞）	過　去（助動詞の条・現在＋過去分詞）
大　過　去（助動詞の直・半過去＋過去分詞）	接　続　法
前　過　去（助動詞の直・単純過去＋過去分詞）	過　去（助動詞の接・現在＋過去分詞）
前　未　来（助動詞の直・単純未来＋過去分詞）	大過去（助動詞の接・半過去＋過去分詞）

* **現在分詞**は，通常，直説法・現在1人称複数の語尾 -ons を -ant に変えて作ることができる。(nous connaissons → connaissant)
* **直説法・半過去**の1人称単数は，通常，直説法・現在1人称複数の語尾 -ons を -ais に変えて作ることができる。(nous buvons → je buvais)
* **直説法・単純未来**と**条件法・現在**は，通常，不定法から作ることができる。
  (単純未来: aimer → j'aimerai　finir → je finirai　écrire → j'écrirai)
    ただし，-oir 型動詞の語幹は不規則。(pouvoir → je pourrai　savoir → je saurai)
* **接続法・現在**の1人称単数は，通常，直説法・現在3人称複数の語尾 -ent を -e に変えて作ることができる。(ils finissent → je finisse)
* **命令法**は，直説法・現在の2人称単数，1人称複数，2人称複数から，それぞれの主語 tu, nous, vous を取って作ることができる。(ただし，tu -es → -e　tu vas → va)
    avoir, être, savoir, vouloir の命令法は接続法・現在から作る。